图说 20 世纪中国

觉

(1910 — 1919)

醒

师永刚　张泉　编著

生活·读书·新知 三联书店

陌生的祖国（代序）

一部由影像讲述的中国百年史

"往回看，才能明白未来。"

任何历史都是由后人所记录与创造的，我们看到的那些历史以及英雄们的表演，他们在时间中的定位与背影，都带着后来者的价值观与需要，"需要"正在成为历史与时间在书写中的重要理由与事实。我们无法确认自己所看到的就是那些在时间中曾经存在的，也无法确认我们正在阅读的就是真实的。我们真的可以相信，那些只由几个人编撰的历史就是一部真实的历史？史家们对于历史的看法就是历史本身才应当有的声音与形象吗？

曾为中美关系铺平道路的"中国通"亨利·基辛格认为，中国过去遭受的不公正对待决定了"中国如何参与世界事务、如何界定在其中所要扮演的角色"。对许多中国未来一代来说，"中国有时候不仅仅是一个值得发现的真相"。

近年间中国注意到西方汉学家们对中国的发现，以及他们对于陌生的中国历史远远地围观，这些汉学家的世界观正在影响着新一代青年对于自己祖国的认知。这些来自不同地点的年轻人自小学开始就在阅读历史。虽然他们同在一个国家，却在一个个久远的历史细节中发现不同的视角。

年轻人阅读西方人发现的中国历史，而另外一代人，他们的父辈们，对中国有着丰富的了解，并占据着大量重要资源的一代人，则守候在《百家讲坛》或冗长的古装"宫斗"剧前，以了解 2000 年来的中国宫廷斗争以及诸代望臣的命运。这种历史认知断层犹如对了"复杂中国"的重新定义，一代人有一代人对于历史的看法。他们对于历史的断代与判别像黄土高原深处那些被埋藏万年而形成的煤层或者石油，你不知道它们哪一天会被发现，那里在一千万年前是大海，在五百万年前则成了高原。

那么，历史是什么？

那么，历史是什么？它们开始成为困扰我的一个巨大难题。它们的背影显得那样模糊不清，每个人在时间中的记忆都带着自己对于时间的看法，而那些时间对于我们则遥远得如同命运。我们只看到了一个个结果，或者一个个由结果组成的"铁口直断"式的表达。这些就是我们要面对的历史？

从军 15 年后，2000 年，我离开西北，加入了香港某电视机构，某个特殊的机缘，我看到了宋美龄女士的图像展。尽管已逾百岁的她当时仍在人世，但那些旧年代的细节，以及她与蒋的生活图像，仍然让我感到新鲜。我那时候已对文字所描述的世界开始了怀疑，真实的黑白图像使我坚信，它在某些时间，远比我所接触到的教育更为可靠。无论你相信与否，她在美国国会掷地有声的演讲，以及演讲时坚定的眼神，都会让你印象深刻。宋的眼神改变了我的历史态度，至少改变了我对于一部分用文字记载的历史的态度。我要找到属于自己研究历史或者至少接近真实的旧时间的方式。

我开始有意识地寻找这百年间的图像以加深我对于这百年来的重要历史人物与历史事件的了解。而我了解的越多，越发现历史是如此的陌生与神秘，在一件基本的常识性的问题上，至少对于我来说，几乎有两种或者更多种不同的说法，历史的写作方式或者拍摄方式竟然因为国家的不同，或者写作者身份的不同，会有如此大的差异。

记录历史的方式

人类一直在探求自己对于历史与世界的表达与记录方式，为此他们发明了语言与文字。1838 年，世界上出现了两种特殊的文字：影像与声音的记录。1839 年，法国人路易斯·达盖尔（Louis Daguerre）发明了摄影，这个世界从此可以在银盐纸上展现，塞缪尔·摩斯（Samuel Morse）随后则开始首次公开拍发电报。当遥远的欧洲可以用电报与铁路拉近时间距离的时候，遥远的"天朝上国"则正处在一个用山水画来描述的时代。19 世纪晚期，外国的传教士随着洋枪队与冒险家们，来到中国传播基督教福音时，他们用手中的摄影机为那个时期的中国留下了另一个

"汗国"的影像档案。西方人从电报与影像中，突然发现了一个陌生的国家：它有着广袤的领土和漫长的边疆，它的首都有着宏伟的宫殿和厚重的城墙；男人们头上梳着奇怪的小辫子，穿着丝织的长袍；女人裹着小脚，走路却健步如飞；清国的官员瘦小却狡猾，头顶着长翎红顶的帽子；民众勤劳却穷苦，不爱讲究卫生——这是个贫穷但却不愿意与海外那些寻求财富与瓷器、金银的商人通商的封闭国家。

苏格兰摄影家约翰·汤姆森（John Thomson）是最早来远东旅行，并用他古旧而时尚的摄影术记录远东各地人文风俗和自然景观的人，这个冒险家曾在 1867 年移居香港，开始他摄影生涯中至关重要的几年。他的纪实主义风格为我们留下了北京的轿夫、孩童，甚至斩首的场景。

这段冒险让他在 1881 年成为维多利亚女王御用摄影师。而这些无关政治的图片，无意间在百年后成为我们回忆帝国的重要影像。紧随其后的摄影师们用他们的镜头表达了对于中国的政治以及现实的记录。比如，照片中的清朝官员都是端坐着的，即使合影，也是一群人木讷地看着 1900 年以前的镜头。在今天的摄影师们的镜头里，我们还可以发现这些摄影规则：群像、端坐，目视着 2000 年的日本照相机镜头。事实上，镜头中的中国似乎从来没有改变过，但确实有些东西发生了改变。这些一百年间的景物，或者他们随手拍下来的孤独的风景，伴随着相机快门的定格，约翰·汤姆森们眼中的中国都市与破败乡村的状貌，包括政治、经济、文化到习俗的诸多信息，便不动声色地留在了历史的底片上。

在最近波澜壮阔的百年间，东西方文明正以另一种语言来重新塑造世界。"19 世纪和 20 世纪早期的中国，也许长期以来都与西方通常叙述中的中国格格不入。"《纽约时报》的一篇文章称，"在中国的'屈辱世纪'里，最后一个封建王朝的缓慢崩塌显得十分不可思议，简直像是一个漫画家编造出来的：一位志向远大的文职人员没有通过科举考试，变得神志不清，以为自己是耶稣基督的弟弟，任务是把中国从清朝的统治下解救出来，他在 1850 年发起了太平天国运动，两千万人死于之后的社会动荡。英、法、德、奥、俄、美、意、日组成的八国联军轻松打败了义和团成员以及加入他们的清朝士兵，西方人来中国宣传基督教的和平和同情精神，他们也在鸦片贸易中轻松获利，并为继续获利而发起了一场战争。"这场战争在侮辱了中国的同时，也促使了亚洲第一个共和国的出现。

百年以来，中国在迈向现代国家的路上披荆斩棘，多所反复。我们是在向前进，但我们的方向在哪里？

这是一部怎样的历史？

这套书写的是 1900 年到 2000 年间的剧烈变动的中国。研究一百年间的中国，不是怀旧，也不是算旧账，而是想从中找到我们从哪里来、到哪里去、为什么来这儿的原因。这部普及式的常识读物将尽可能提供一个可以选择的向导。它不是司马迁的《史记》，也不是史景迁的西洋镜下的演绎。它在这个被互联网制造出来的扁平时代，所发挥的作用也许只是给大家科普一个维基百科式的百年常识或者一个国家的基本面目。

"对祖国历史的领悟和学习，不能孤立与封闭自己，更不能视角单一。不仅要同世界历史相关联，更需要借用他国的眼光，来反观自己的历史。这样在辨别那些大是大非或大真大伪的历史问题时，才能更为客观，结论也更能经得起时间的推敲。"历史事件是无法重复的，只有汇集各种视角的资料，只有拥有各种类型的历史证据，我们才有可能逼近历史的真实。其实历史的张力，就存在于这种视角的差异中，我们对这种差异了解得越充分，对自身的把握也就越清晰。

为保持这套书的基本真实以及可能的时间长度，也为了防止我自己对于历史的偏见而影响这套书的"常识""向导"价值，我们选择了一个简单的体例，即它由图片与外国人以及中国人的发现共同组成：那些曾经被拍摄下来的 1900 年破败的不收门票的故宫、孙中山先生的背影，或者毛泽东在天安门城楼的目光。我们试图寻找另类表述，只是想区别于那些因"被需要"而写成的历史书。

这些历史，可能只是那些大历史中的小细节，但这些陌生的小细节构成了百年中国戏剧化的历史。但百年后回看，它们如同遥远的蚁群，在缓慢地行走，而我们正在试图加入这个蚁群中。我们在历史中是如此弱小，如此模糊不清，而正是这些模糊的背影在构成历史。

中国人的悲喜命运，都在这部书中的影像以及文字中。它们在哪里，我们的历史就在哪里。而这就是我们要撰写的关于中国的百年变革史的意义。尤其在当下的"复杂中国"，此书犹如一本中国版的《光荣与梦想》，正在述说着我们尚未发现的中国的秘密。

1910 — 1919

觉 醒

看上去，这是一个全然崭新的时代。20世纪第一个十年间，中国送走了一个王朝的独裁者、统治者，继而轻轻打开了一扇相对开阔安定的大门。

就在大变革将临，中国急于寻找其范本时，西方各国也主动地靠近，关切这种将临的趋势。种种预示着他们和中国的未来。

一切变化都在悄然酝酿。西方媒体不只是关注着贸易额，还关注着中国风口浪尖上人物的忧愁、动向和命运，以及新中国的未来。

美利坚的贸易顺差

清国向何处去

栋梁们

谁来领导新清国？

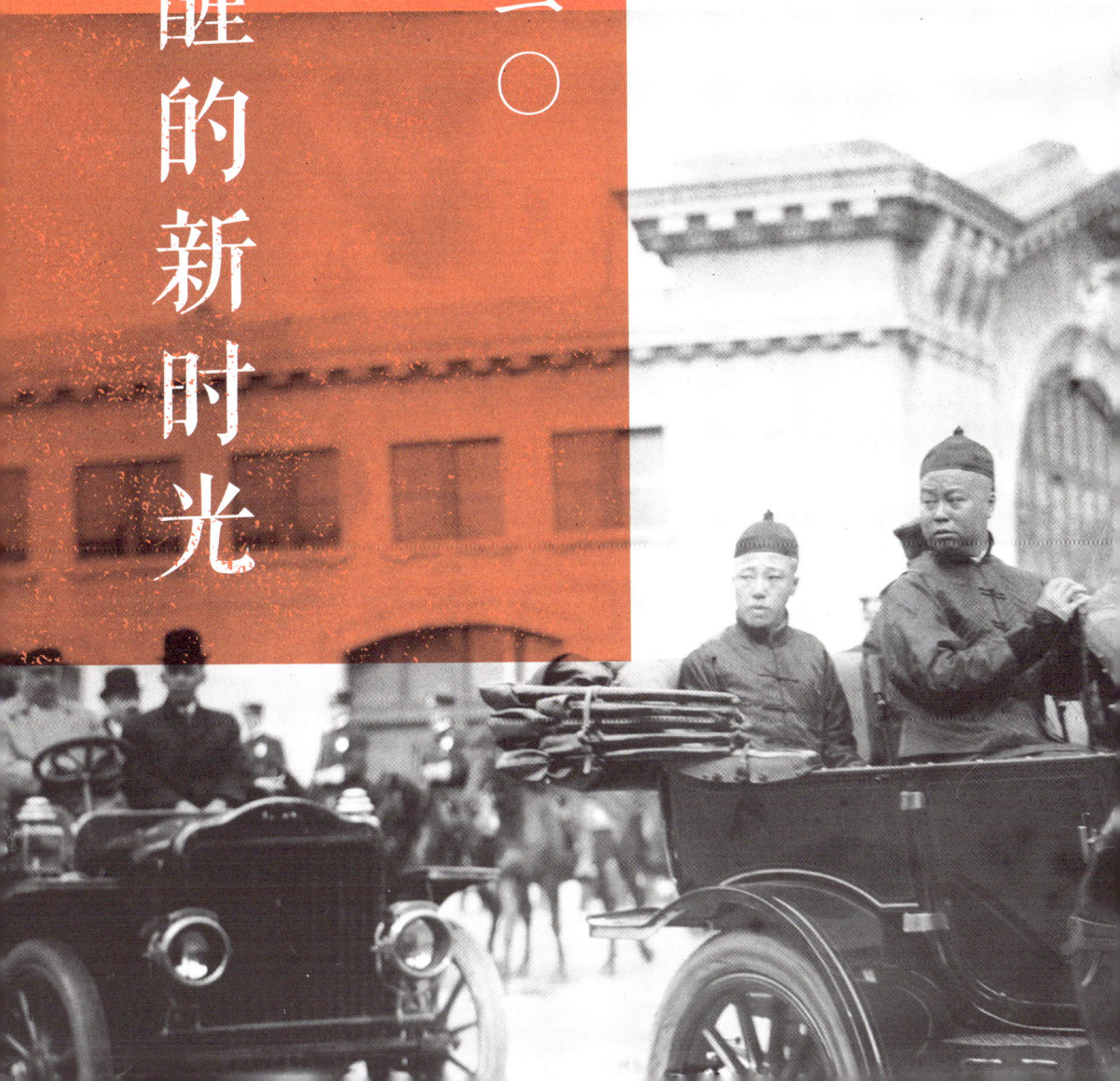

一九一〇

觉醒的新时光

汉口的美国益生洋行。所谓洋行，即外商在中国从事贸易的代理行号

早在18世纪60年代就兴起了"散商贸易"，随之发展而来的是外商代理行号。鸦片战争之后，中华大地门户洞

开，外国在华洋行日益发展，如藤蔓爬行，最终扼住中国经济的咽喉。暴力掠夺是当时洋行发展的基本特点，

它们掠骗华工、贩卖人口，从事以鸦片为主的各种走私活动。"海盗护航"也是典型的暴力掠夺活动，大行公然

招徕、兼营"护航"业务，逐渐渗入航运事业。

美利坚的贸易顺差

1910 年初始，西方的观察家们便再一次把目光投向光怪陆离的东方，看着她在经历阵痛后，觉醒。

这一年的第一天，美国政治科学协会（American Political Science Association）召开会议，核心话题是远东政局，会议宣读了数篇论文，论述重点都是该地区之觉醒。

在威斯康星大学的张洛志（音译，Chang Lauchi）看来，当时的中国已经涌现出了一大批报纸。这些报纸多由归国学生编辑，倡导民主理念，大胆探讨公众议题，当时的审查制度对这些报纸束手无策。张先生说："反鸦片运动的成功，很大部分原因在于这些媒体。在中国，几乎所有主要城市和通商口岸都已经拥有了自己的报纸，它们时常翻译刊登路透社的电讯和其他国外文章，因此世人开始了解到世界其他地区的时局。"

而与此呼应的是，国际社会对于这个从阵痛中渐渐醒来的国家开始变得平和、宽容。

1 月 5 日，圣彼得堡便有消息称，俄国外交部接到美国政府的最后通牒，提议将满洲铁路卖给中国，以此解决该地区争端，而中国购买铁路的费用将由多国予以支持。美国邀请俄方也参与此项向中国贷款的计划。参与该计划的各国将对铁路的使用拥有监督权，整个计划将完全建立在商业基础之上，而不得用于政治或战略之目的。

看上去，这是一个全然崭新的时代。20 世纪第一个十年间，中国送走了一个王朝的独裁者、统治者，继而轻轻打开了 扇相对开阔安定的人门。

从国际关系的角度来看，这项关于满洲铁路的安排将带来许多裨益。它可以解除俄日双方长期以来的争端，均等机会的原则将受到各国捍卫，此外，在关闭了运输军队和军火的边界后，俄方对日本侵略西伯利亚的顾虑也将不复存在。美国的最后通牒同时还提议美英之间结盟，双方共同建造从锦州至瑷珲的铁路。

这一切，都如霍华德·艾瑞斯（Howard Ayres）在《纽约时报》上所说的那样。作为中日贸易有限公司和纽约棉纺织品出口协会的秘书，她将中国视为全球最大的市场，是有理有据的。那时候，美国与中国的出口贸易，有五项最大宗的交易，分别是煤油、棉布、烟草、面粉和铜。她深谙涌动在这个巨人市场里的商业利益。贸易就是一个巨大的操作盘，左右着两方各国对于中国的态度，暧昧、友好或者强硬。

与其说 1910 年是中国的觉醒新时光，不如说是各国洞察到这个"操作盘"的奥秘后的恍然大悟。

在霍华德·艾瑞斯看来，与中国的棉布交易，引起了美国制造商和销售商的广泛兴趣。而这贸易的繁荣，是通过多年来美国的不懈努力而达成的。在1901 年时，棉布出口额达到了 1500 万美元。而在 1906 年，由于日俄战争的刺激，升至 3500 万美元。此后四年，由于美国出台《排华法案》，中国开始抵制美货，市场开始经历了巨大的波动，1907 年降至 2800 万美元，1908 年为 5000 万美元。至于 1909 年则为 1 亿美元。这时候，对于 1910 年，还无法获知具体数字，但可以相信，成功的一年已在眼前。

觉醒的另一重意义则在于人的苏醒。习惯了落伍与耻辱的大清国人，在1910 年略为警醒了。3 月 22 日，美国报纸在采访荫昌的时候，这位朝廷大员一定程度上透露出，有一些中国人开始意识到军事力量是变革的关键。

这一年，大臣荫昌即将辞去驻德国大臣之职，回北京任职陆军部尚书，从对他的采访中可以看出，大清国正在加强自己微弱的军事力量。

这位大臣说："我打算在中国推行普遍兵役制。我们拥有四万万人口，假如能让所有适龄男子入伍，那在人力上将胜过其他所有国家。具体的政策尚未制定，但我们的计划是不仅在体力上操练年轻军人，同时也要给他们良好的教育。他们必须明白，一个人口如此众多的古国变得如此衰弱，是一件多么耻辱的事情。陆军部内人才济济，一些研究过欧洲军事体系的助手将会过来协助我。"人口众多的古国要免于耻辱，毫无疑问，觉醒是出路。政治、军事、人心，均应如此。

这是
觉醒的时刻，
这是远东一扇敞开的大门。

1-1

北京永定门

尘土飞扬，远处的城楼隐在尘土中，若隐若
现，如同处在 1910 年十字路口的清国之命运。

1-2

载涛赴美考察团

摄政王载沣于光绪三十四年（1908）上奏请其弟载涛专司训练皇家禁卫军。初出茅庐的载涛（左）年纪轻轻、缺乏经验，因此在宣统二年（1910）2月率陆军考察团出访日、美、英、法、德、意、奥、俄八国考察陆军，5月派赴英国任专使大臣。年轻的载涛务实、谨慎，不愿过于炫耀而贻人口实，削减了考察团的一半仆从，前驻奥地利大臣李经迈（侧头者）则作为首席随从陪伴左右。5月1日，载涛一行抵达美国纽约，乘坐敞篷汽车参观街容市貌。载涛身着蓝色丝质长衫，头戴黑色瓜皮帽，李经迈也是一派中式打扮，由舒勒上校全程陪同，车队两旁列队的则是专司护卫的骑警。载涛在美国大开眼界，美军的军容、马术表演和步枪射击都给他留下了深刻的印象，他希望把西点军校复制到中国。只可惜涛贝勒的学习心得在归国之后还未来得及深入推广，清政府就于1911年遭遇辛亥革命而垮台，这次考察也被埋入了历史的尘埃之中。

1-3

清国重整海防

筹办海军事务处设立，载洵、萨镇冰被任命为筹办海军大臣，北洋水师与南洋水师、福建水师、广东水师合并为巡洋舰队和巡江舰队。而从日本订购的14艘舰艇也全数到华，构成了中国长江舰队的主力。图为巡洋舰队的海员。

1-4

北京城里的辫子军

清末的北京街头，华洋杂居，那些希望革新的官员们常常坐在旧式的轿子里，让他们已着新军装的士兵们守护着，但这些士兵们身后那条长长的辫子则意味着，这里仍是清国。

1-5

福建省永春县焚烧鸦片

20世纪初，鸦片几乎充斥了中国社会的各个阶层，通常用来舒缓神经或排遣无聊。它也被看作富人的"药"，因为用鸦片"治疗"非常昂贵，故象征着权贵。随着中国接连战败，舆论对鸦片的态度开始恶化。鸦片被视作军队战斗力低下的原因之一，是国家富强的绊脚石，它所费不赀，易吸食成瘾，成为懒惰、放纵和沉溺的同义词。结果，如照片中的人们一样，公民通过焚烧鸦片的抗议方式来宣泄他们愤怒的民族主义情绪，表达他们富国强种的愿望。

1-6

1910年，上海鸿福茶楼前

这座城市刚遭受严重的水灾。其时，另一场规模更大的股灾也在发生，它们作为帝国最后的记忆，留在了上海人的内心深处；著名的"橡胶股灾"彻底动摇了清帝国的金融根基。这一波熊市来势凶猛，朝廷甚至出手救市，却也无法力挽狂澜，随之而来的连锁反应耗尽了大清国最后一丝元气。

1-7 | 1-9 | 1-10
1-8

1-10
时年27岁的汪兆铭

这个以"精卫"作笔名、操着广东方言的青年，于北京琉璃厂火神庙夹道开设"守真照相馆"。在琉璃厂满大街的古玩字画中，照相馆是个新事物，更酝酿着汪氏一行密谋的惊天大行动。自孙文领导革命党人发动的多次武装起义均以失败告终后，革命党内浓厚的悲观情绪在逐渐蔓延。急躁者如汪精卫，转而寄希望于简便易行的暗杀行动，借此重振士气，唤醒民众。汪精卫将暗杀目标锁定于摄政王载沣，认定一旦事成，必将举世震动。他以飞蛾扑火的心态决计完成此次使命，却不料一波三折，提前败露了行踪，招致牢狱之灾。一首绝命诗"慷慨歌燕市，从容作楚囚。引刀成一快，不负少年头"流传至今。但命运弄人，如今其头上戴的则是"大汉奸"的帽子。

1-9
孙中山与孙科在檀香山合影

孙科（1891—1973），字建华，号哲生，是孙中山与原配卢慕贞婚后六年所生的唯一的儿子。5岁时孙科随母亲漂洋过海迁居檀香山，投奔孙中山的大哥孙眉，在这个远离中华大地的地方，他在美式教育制度下顺利完成学业，并在父亲恢复中华的理想下，投身到反对清廷的斗争中。孙科是中国政坛上既特殊又复杂的人物，1910年加入同盟会，历任广州市市长、南京政府行政院长和南京政府副主席等。孙中山去世后，孙科追随蒋介石，坚持政治立场，是43名国民党的头等战犯中的第13名。1949年孙科辞职旅居香港，以及法国、美国等地，1965年任中国台湾地区最高领导人办公室高级谘议，1973年病逝。

1-7
孙中山上海晤革命党人

1911年，同盟会中部总会在上海成立，并计划在长江流域各省组织起义。由孙中山带来的风雷之声，即将唤醒这片土地上的人们。

1-8
孙中山在芝加哥筹款

1910年1月18日，孙中山在芝加哥筹款，并主持成立同盟会芝加哥分会。当时参加分会的仅台山籍华侨就有梅乔林、梅友伙、梅就、梅斌、谭赞、伍颂唐、梅光培、曹汤三、梅天守、李雄、梅赐璧、梅寿、梅冠豪、梅乃衡等数十人，梅乔林被推选为分会会长。

清国向何处去

1910 年 1 月 30 日，各省国会请愿团前往北京，提请速开国会，清廷传谕，请愿暂时无法接受。清廷表示待九年预备完全，国民教育普及，届时将降旨定期召集议院。

20 世纪初这缓慢的预备，直到现在终于更进了一步。

2 月 20 日，美国报纸又以伍廷芳为例探讨其所代表的中国人寻求"新中国"的心路历程。那时候，出国访问的伍廷芳刚离开柏林，造访德累斯顿和维也纳，此行是他经由欧洲重返北京的最后一站。

在西方的最后一段时光，这位老谋深算、满腹经纶的伍先生，心中充满着疑问，作为前驻美公使，他在忧心忡忡地思考着，美国、英国或德国是否代表着中国最值得仿效的文明。伍廷芳对西方记者承认，在美国的这八年，是他生命里最快乐的年头，在即将离美前夕，他也有机会与不少美国知名人士共谈，不过他并不急于向中国引进美国文明。

《纽约时报》记者问伍廷芳，他是否打算在 1910 年春末回北京后，立刻坐上汽车前往外务部，他回答说："可能不会。你知道，我们中国的外交家在向本国引入新的思想时，必须非常慎重。我们中国人不喜欢被迫接受最新潮的东西。汽车和其他西方文明的成就，肯定会逐渐在中国找到用武之地，但这不是一朝一夕之事。"

这位前驻美国公使告诉他在柏林的美国朋友，其中包括希尔大使和前副总统费尔班克斯，在华盛顿任职期间，他花了不少时间去了解养生之道。他现在开始吃素，而且滴酒不沾，他坚信自己至少还可以活七十五年（此时伍廷芳已经 67 岁了）。

"我跟好几个美国朋友说定了，要再回来看看，最晚的约会订到了 1959 年，"伍说，"我是绝对不会爽约的。"

就在大变革将临，中国急于寻找其范本时，西方各国也积极主动地靠近，1910 年 2 月，英国询问中国在西藏的计划。当时，英国驻京代办麦克斯·莫勒（W. G. Max Muller）向中国外务部提出友好声明，表示英国对川军进藏一事表示关注，出于对其边境局势和平的顾虑，要求中国正式表明对西藏问题的政策与意图。

据说，已经被革去名号的达赖喇嘛业已逃离西藏，当时就在喜马拉雅山以东的不丹避难。

一切变化都在悄然酝酿。西方媒体关注着中国风口浪尖上人物的忧愁、动向和命运。

1-11

十三世达赖喇嘛土登嘉措

1910年，印度加尔各答，土登嘉措，时年34岁（中间坐者）。因与驻藏大臣发生矛盾，遂逃亡印度，1911年辛亥革命后才返回西藏重掌权力。

1-12

女性教育

中国因遭受日本的巨大打击，开始强国复兴，教育改革则是国家崛起的重要一步。20世纪初外部世界的影响也投射到中国孩子的身上。旧式的、以儒家经典的诠释为基础的三级科举考试被废除，年轻人从一朝中第则享受高官厚禄的幻影中走出来，从战争失利的阵痛中寻找自强不息的新道路。女孩子们也走出了"三纲五常"的旧传统，穿着简洁而得体，被释放的双脚踏着轻快的步伐走进了陌生的学堂。尽管新学学费昂贵，但它带来的性别平等、丰富的科目和国际的视野，也成为女性社会角色成长的一针催化剂。

1-13

北京基督教青年会图书馆里一群正在看书的中国学生

传教士们建立基督教青年会，给长期受到禁锢的中国青年提供了学习的机会，同时也为基督教的传播营建了新的阵地。然而基督教也和其他西方传统一样被人们以复杂的态度来对待。中西合璧是这个时代最大的特色，也是中国人对于西方文化的接受的现状。这些青年们也许外表是中式的，除了两名学生戴着西式平帽，其他的孩子都穿着中式长衫，但他们的思想是西式的，在西式学堂的耳濡目染下，思维开始萌生变化。也许事实并非如此，他们有着西式学堂学员的身份，仍旧穿着的中式长衫，表明他们并没有完全抛弃传统，心理上还是中式的。

1-14

女子学校的学生上音乐课

这是较早一批接受西方乐理教育的中国人。1860年以后，西方传教士开始大规模地来到中国从事宣教工作。随着传教的深入开展，一些教会学校应运而生。到1900年，在华的几乎所有重要的传教中心都开设了一所小学。在当时，这些教会学校开设的课程，具有意义重大的启蒙作用。而西方传教士开办的女子学校，在19世纪下半叶对当时中国社会重男轻女的封建体制是一个很大的冲击与挑战。它突破了中国几千年来的禁锢，开了中国女子接受学校教育的先河。在教会女学的冲击下，国人也开始逐渐重视女子教育，由国人开办的女子学校在少数大城市相继出现。深受传教士影响的梁启超于19世纪末率先在上海开办了一家女子学校，这或许是中国历史上第一家由国人主办的女学。

1-15

清宫里的八旗女子被警告戒烟

这张照片深入地展示了满族服饰的细节，蕴含着丰富的内容，但这个标题令人感到匪夷所思。妇女们华美的服饰艳惊四座。她们把脂粉厚厚地涂抹在脸上，足以与伊丽莎白时代英国的时尚相媲美，而脖子却不加遮盖，脸色显得尤为不自然。还值得注意的是，右侧窗户里的男子，静静地欣赏容貌姣好的满族女子，他的身份就不得而知了。

栋梁们

这些大清国的栋梁们之所以可以成为栋梁，与他们在美国接受的西方文明的传播教育有着很关键又很微妙的联系。他们毕业了，归国了，方才成为这个国家变革的希望。

风起云涌的变化背后总有人做舵手。20 世纪初，大清国学生的留学潮一度成为西方媒体追逐的热点。在这一关口，似乎更加关键。

1910 年 10 月，来自美国中国国际学会的吉尔伯特·里德（Gilbert Reid）博士在《纽约时报》传递了他作为美国人的骄傲：从西方文明教育体制中毕业的中国人回国后都身居要职。

这不无道理。

19 世纪 70 年代至 80 年代初，一批留学生代表从中国被送至美国，此番行动的倡导者是容闳。

1828 年，容闳出生于中国南方一个贫穷的农家。七岁那年，其父托付一位英国传教士照顾他。大概十二年后，一位美国传教士在归国时，将容闳带去了美国，并将他送入马萨诸塞州的芒森学校。毕业后容闳入读耶鲁大学，在英语作文比赛中拿过两次一等奖。而在他终于学成归国后，他母亲问他，他的文凭值多少钱。可以想象，当他告诉母亲"此非可以得奖金者"时，这位老妇人该有多失望。

容闳

其后，容闳开始努力找工作。起初去香港高等审判厅做译员，其后在上海海关翻译处谋得一职，但很快就发现"海关中通事及其余司一眹者，几无一不受贿赂"。而他"深恶其卑鄙，不屑与伍"。其后，容闳辗转数职，一次，一家洋行请他去日本长崎担任分公司买办，容闳婉辞，表示"买办之俸虽优，然操业近卑鄙。予固美国领袖学校之毕业生，故予极重视母校，尊之敬之，不敢使予之所为于母校之名誉少有辱没"。正是基于这样的自尊心和绝不妥协的

精神，容闳的事业之旅不断遭遇挫败。

　　他生命中最具戏剧性的事件，是前去由洪秀全等建立的太平天国考察。这次冒险经历，将他个性中理想主义和梦想家的特质表露无遗。他认为如果太平军愿意建立一个现代化的政府，发起改革，重建中国，那么他愿意将赌注投在他们身上，替太平天国效力。但此行并没有产生任何实质性的成果。

　　容闳的政治生涯真正的起步，始于他结识了曾国藩——这位曾影响中国数代人的权臣。容闳轻而易举就说服曾国藩建立枪炮机器厂，设立兵工学校，随后，他向清政府提交了教育改革的建议，当局因此决定设"幼童出洋肄业局"，遴选120名学生出国接受教育。

　　1910年，容闳出版了《西学东渐记》(*My Live in China and America*)，《纽约时报》在推介此书时，强调其中一个有趣之处：作者栩栩如生地描述了他与中国诸位名人之间的接触。在他看来曾国藩是中国最伟大的人物之一，李鸿章和张之洞与其对比便相形见绌。李鸿章"为人感情用事，喜怒无常，行事好变迁，无一定宗旨。而生平大病，尤在好闻人之誉己"。至于张之洞，他评价说："张之为人，目空一世，而又有慵惰不振之态。"大清国从不缺人才，缺的是求才的谦卑之心。除了仰望、低头，还要聚首，自我思量。

　　容闳组织的幼童出洋团培养了大批的人才，其中最成功的一位，是唐绍仪，此外还有梁敦彦、钟文耀以及梁诚，他们大多在外交部门工作，为中美友好做出了突出的贡献。此外，留美幼童中也涌现出了詹天佑、罗国瑞这类铁路专家，他们回国后也大都身居要职。

　　这些人物都来自广东。事实上，当时前往美国留学的绝大部分学童都是广东及周边省份的人。而在此后又陆续有数批学童前往美国学习，他们则分布在中国各个省份，这对于中国的发展则更加有益。吉尔伯特·里德博士观察到，第一批学童都寄居在美国最好的家庭中，而此后留洋的学生则跟其他大学生无异，住在学生宿舍里，因此无法了解美国的家庭生活，这恐怕是此后留学生碰到的一大不利之处。

　　但不可否认的是，这些大清国的栋梁们之所以可以成为栋梁，与他们在美国接受了西方文明的传播教育有着很关键又很微妙的联系。他们毕业了，归国了，为这个国家的变革带来希望。

谁来领导新清国？

假如中国还能跟几世纪前那样保持闭关锁国，那么她将是一片乐土，而她的人民也将像几千年前那样继续安居乐业。

但今时今日的中国已与黄金时代不同。她必须处理好国际事务，面对来自世界各大强国的各色人等。基于这个原因，强有力的领袖对中国而言是必需的。

觉醒的中国有强势的领袖吗？

这是西方观察家在中国多年，剖析在皇室被迫让权后，对古老的东方将由谁来领导所发出的疑问。

《纽约时报》等媒体宣称，现在的中国没有真正的领袖，正在迅速走上分崩离析之路。那些过去的领导人，要么已经离世，要么被迫去职。

吉尔伯特·里德博士曾经提到，一位著名的美国资本家对他说："处于这种情势之下的国家，还有什么希望可言？"他是透过一层有色玻璃在看中国，无法洞悉中国的一线生机。

而在这个洞悉中国所酝酿的缓慢变革的美国学者看来，中国与其他任何国家都不同，他肯定地说，虽然中国现在没有领袖，但中国人仍然能设法应对国内事务，唯一的问题是外务问题。

人们看到，当慈禧太后在世时，中国拥有一位领导者，尽管也是独裁者。虽然她只是一介妇人，却赢得了不少人的拥护。在她去世后，如果说中国还有领袖，那就是摄政王载沣。载沣为人公正廉洁，因此在他上位后，宫廷的气氛纯洁了很多。载沣本人在处理洋务问题上并非全无经验，义和团起义后，他即作为头等专使大臣前往德国，为公使克林德被杀事件专行致歉。此次访欧，他不仅有机会见识了美丽的风景，结识了欧洲各国的达官贵人，也亲自面对不少关于中国、欧洲、美国和亚洲方面的国际问题。现在所有诏令都要由他签发，所有人都需要等待他的最终决定。这是个艰巨的任务，他也必须寻找可以信任的强人。

其中一个备选的人物是那桐。他既是内阁学士，也是皇族内阁的成员之一，此外他还是外务部会办大臣。在这个职位上，他必须了解一切内务和外务问题，并给出具体的决策。在中央政府内部，他被认为是强人之一。

1-16

清摄政王载沣

清朝末代宣统帝登基时仅三岁，三年之后清朝走向覆灭。在清朝的最后三年中（1909－1911），载沣（1883－1951）光绪帝胞弟，末代皇帝溥仪生父是中国的实际统治者，代表溥仪行使权力，他的抉择影响颇大。光绪皇帝驾崩不足五十日，摄政王载沣发布谕旨，罢免了袁世凯，从而埋下了袁叛变的种子。辛亥革命爆发后，载沣选择了代表清廷逊位，和平交出政权，结束了他备受煎熬，同时也一事无成的三年。清朝二百多年的命运以摄政王多尔衮开基定都到摄政王载沣代表逊位而结束，冥冥之中似有天数。

不过他的经历并不像张之洞那般显赫，事实上，他的能力只在最后几年才得到了证明。1900年，他进入总理衙门，八国联军攻陷北京后，任职留京办事大臣，负责跟联军议和。舆论普遍认为他对外国人持同情态度。他与国外使节们相处甚欢，表现了他随和的天性。此后他得到提拔，首先作为专职大使被派往日本，为日本使馆书记官杉山彬被杀一事道歉。此行充分展示出了那桐的热忱。他与日人相处融洽，至少没有像同僚袁世凯那样，受到日本人的公开斥责，因此后来有人说他是亲日派。

那桐在处理洋务问题方面素有威望。因为天生好脾气，他交了不少朋友。他对宪政的理解也超越了许多同侪。问题是他身兼数职，实在是太忙碌了。

除了这位满族领导人，西方专家与观察家们还看到一位汉族官僚，他的名字频频出现在自北京发来的电报上，他叫徐世昌。因为和他私下相识，吉尔伯特·里德博士一直非常确信他有领袖才能。他虽未到中年，但地位超凡。他通过了中国传统的科举考试，先中举人再中进士。跟那桐一样，他也为人亲切，性格和善。

徐世昌、唐绍仪曾先后任邮传部尚书，这项工作与国家的现代工业发展密切相关，铁路、轮船、电报皆由该部管理。邮传部当时面临的最大难题是，英、法、德、美四国提出要向中国借贷以修建铁路，而徐世昌能够灵巧地游走于钢丝绳上，一面处理与外国列强之间的关系，一面又能平息铁路途经各省官员和民众的舆情。他既不明确表示这样的借贷计划不可能实现，同时又避免公开表示对列强的支持，他尽量要求各省自筹资金修铁路，以避免引进外资。

在展开东三省铁路主权之争的同时，徐世昌还静悄悄地与伦敦的独立银行展开谈判，借资以重新赎回京汉铁路主权，这条铁路当年是靠比利时和法国的投资建成的。此番谈判最终取得了成功。

徐世昌的能力在他担任东三省总督时开始展露。当时他必须要同时跟俄国人和日本人打交道，在这方面他表现出了强大的技巧，既能满足各方面的要求，又不至于激怒任何一方。他的目标是通过中国人之手，开发东北的丰富资源，于是他不断鼓励内陆各省人移居东三省。他将沈阳开发成一座更加现代化的城市。在为人处事上，他表现得更像是西方官员，而非旧时代的清朝官员。

除此之外，还有一位汉族官员，从19世纪最后三十年以来一直为欧洲人所熟知，他经历宦海沉浮，并在北京身居要职——他叫盛宣怀。

当李鸿章走向权力巅峰时，作为李鸿章重要的门生之一，盛宣怀起先成为烟台港的海关道台，随后任天津港道台。之后他陆续任中国轮船公司和中国电报公司督办。在这两家公司他都拥有很大股份。

他亲近西方思想，在天津帮助建起了一座大学（即今天的天津大学），后来用上述两家公司的资金，在上海修建了另一所大学（南洋公学，为今日上海交通大学前身），这两所学校都由美国人全权管理。对于教育改革，盛宣怀充满激情，鼓励所有人都接受西式教育。

盛宣怀还掌管着中国所有的铁路建设：先利用比利时的投资，建成京汉铁路，再通过美国人建成粤汉铁路。他还与一家英国公司达成初步协议，修建沪宁铁路。除了建铁路，他本人还开发了很多矿产资源，他在湖南省有自己的煤矿，在湖北省有自己的铁矿。

盛宣怀曾被视为北京城外最强势的人物，他既懂得挣钱，又知道该如何花钱，他是个天生的外交家，眼神犀利，态度随和，不畏惧和任何人谈判。

一代王朝的背影就是领袖的逝去。然而，1910年的大门洞开，觉醒、鼓噪、崛起，之后沉寂。一切都是即将爆发前的伏笔，悄然无声中酝酿的变革正离夕照的大清国越来越近。

1-17

盛宣怀

盛宣怀的发迹，讲述的是独一无二的中国式奇迹。只有在中国从近代向现代转变过程的阵痛中，才可以孕育出一个四次科举不中却能由幕僚文书而始，青云直上，权倾朝野，富可敌国的盛宣怀。在他的一生中，有太多"第一"铸就的标签——中国轮船招商局第一任督办，我国近代机器采矿业的创始人，他成立中国第一家钢铁煤炭联合企业，承担起修建中国第一条铁路干线等。盛宣怀本人不信洋教，不用西医，不讲洋文，凡遇外事活动，必定使用翻译；虽然他精通洋务、擅长与洋商讨价还价、会吃西餐，并不遗余力地推广各类"夷技"，本人却终究没有"现代化"。在生命的最后时日，年过七旬的盛宣怀留给人们的，是一张穿着布衣、胸前挂着佛珠的居士装束。他已老病有时，两腮凹瘪，发辫枯白，嘴唇闭得很紧，目光流露出忧忡，难以让人联想起那个放言"试问天下有十个盛杏荪，实业便有数十件"的东方冒险家。

1-18

汉中地区的清军操练照片

清军其时已配速射枪，但训练却仍在按旧时制度进行。士兵们用枪如刀般操练，而似乎忘记了枪真正的功能是什么。意大利南怀谦（Leone Nani）神父1910年拍摄。

1-19

北洋机器局

又名天津机器制造局，简称"大津机器局"，是官办军用企业。清同治六年（1867）由三口通商大臣崇厚创设于天津。初名"军火机器总局"，开办经费二十余万内，规模仅次于江南制造局。同治九年由直隶总督李鸿章接办，易名"天津机器制造局"。这家于1924年停办的机器制造局曾是北洋军现代化武器的重要生产地。

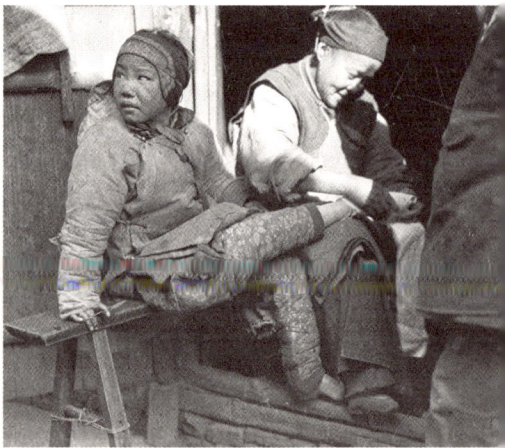

1-20

北京，雍和宫

每年农历的正月底，内都会人头攒动，争睹"打鬼"的场面。"打鬼"的正式名称为"金刚驱魔神舞"，藏语称"羌姆"，蒙古语称"布扎克"，是黄教特有的宗教乐舞。这是一种极为隆重的宗教大典，乾隆年间传入北京，旧时主要在雍和宫、黑寺和弘仁寺举行。

照片中围观的人既有满族也有汉族，有成人也有儿童，个个翘首以待，可见当时之盛况。

1-21

古老的习俗 —— 缠足

一位母亲将她的手放在女儿的脚上，用宽布条裹住女儿的脚掌，使脚停止生长，直到20世纪初，很多女孩子必须忍受脚趾被压断并深深陷进脚掌的痛苦，才能获得"三寸金莲"，以符合社会的审美观点。这个过程极其漫长，给中国女性留下了终身的残疾，走路这一基本的行为也成为束缚。尽管如此，这个将女人局限于家庭的传统仍旧非常流行，因为它象征着女性的贞洁。

缠足在民国建立后被宣布废除，国家试图废弃一切阻碍其经济增长和发展的封建传统。外国传教士和中国民族主义革命者视缠足为野蛮落后而浪费资源的行为，因此组织起全国的反缠足社会团体以废除缠足。政府最终在1911年禁止缠足，但在偏远的农村地区，缠足还残存了一段时间。

这张摄于1910年的照片似乎可以理解为这位接受新思维的母亲实际上是在给女儿的脚松绑。她的脸上充满笑容，女儿则是偏头不看，她的双足虽得到了释放，但足弓的畸变和烙刻在心头的阵阵痛楚也许只能伴着她逐渐长大才能慢慢淡去。

1-22

清末的儿童

照片中的这些小孩们整天在野地里捡果子到本地市场上去卖，身体被背负的重量压弯了。在20世纪初的中国，农村孩子通常和家人一起参与日常的劳动，而不是上学。因为入不敷出，很多家庭都会依靠童工——尤其是宝贵的男劳力——来生产更多的农作物。然而，随着劳动力的增加而来的是对食物需求的增加。事实上，中国人都把家里的人口描述成"嗷嗷待哺"，这句话并不是强调家庭成员的身份或社会地位，而是更侧重于家庭的食物供给。特别对于收入不稳定的家庭而言，是否生养更多的孩子常让人进退两难。

1-23

1910年的北京驿道

两个牵着小马驮运行李的孩子他们脸上带着笑容，还留着清国的辫子。

1-24

乞讨者

1910年左右的中国，正处于从帝国政权向共和时代过渡的惊涛骇浪之中。这个时代的人们，也在动荡中被置于希望的谷底。妇女的传统观念是待在家里而不是像男人一样去社会上交际，但政府的更迭迫使许多妇女第一次走出家庭，面对社会，寻找出路。照片中就是当时众多打破传统性别观念，外出和男人一样工作的妇女的例子。在农村地区，战争和饥荒不断，大量人口如潮水一般涌向城市，而许多进入城市的妇女不得不学习怎样工作过活。但长期的家庭生活使她们在面对社会时手足无措，毫无办法。她们的选择又是那么有限，要么只能遵守传统的性别观念留在家里忍饥挨饿，要么就是出去工作——大多数就是乞讨，强忍着耻辱苟且地活着。

1-25

北京城传统的剃头者

他们在清国时的手艺是会编一条
油亮的辫子，然后把头皮刮亮。
他们的工作场所大部分是在马路
边或者集会的地方。

1-26

杭州的算命先生

其年纪和穿衣打扮足以证明他在
同行中的资格和地位。可是这样
传统的人物形象在20世纪初的
中国已经非常罕见，那时的中国
正面临着来自西方世界的现代化
压力，传统习俗为了适应全球化

和西方思想的传播被迫让步，屈
居一角。这个过程在沿海地区尤
为激烈，因为沿海地区的易接近
性和众多的商贸机会复苏了人们
的神经，人们变得更加开放而理
性。在拍摄这张照片的年代，对
实证和唯物主义的追求呈现出一

派繁荣的景象，古老的中国哲学
显得老派而守旧。当曾经在中国
流行的关于鬼神的一切，慢慢隐
匿在偏远的内陆地区时，像算命
先生这样的行当在中国东部就更
加过时了。

1-27

地处内陆的织呢前厂

1910年2月18日，英国记者莫
理循来到了地处西北的甘肃兰州
市东的皋兰县，在这里，他发现
了这座织呢前厂，现代的纺织术

已深入边远之地，莫氏站在这个
似乎象征着现代化的厂牌下与穿
着马褂的工厂主合影。

1-28

上海徐家汇的修女与女学生

语言障碍是基督教传教士在中国传布福音遇到的第一道障碍。清末，中国教民数量的增加使得这一障碍逐渐微弱。离家进修会的修女，从事着祈祷和协助神甫传教的工作。在中国，修女有时也被称为"姆姆"，实则是由英语系基督教国家尊称老年修女为"mama"的音译而来。基督教认为教徒之间是亲人，进入教会学校的孩子大多出身贫寒或者是孤儿，姆姆既是长辈，也是老师，在她们心中有无上崇高的地位。她们向姆姆倾诉心声，获得启迪，再由姆姆带领她们进入神圣的世界。

1-29

1910年中文版《新约》抵达重庆

信仰的传播随着河水的流淌，慢慢渗入了中国内陆。

大批量的中文《新约》在码头卸下，令传教士活动受

阻的语言障碍得以突破。

1-30

清国神职人员

历经几十年传教士的各种演化，
大清国的神职人员已初具规模，
并在庙堂与民众中得到了广泛的
认同。

1-31

外国传教士准备乘火车回国度假

1910年的河南开封火车站，车窗外是他的教徒们。
教会的力量已遍及这个国家的每个角落。传教士们带
来的不但是上帝，同时也带给这些正在开蒙的民众以
未来的现代生活。

1-32

华北协和学院中外人士合影

协和学院在当时的华北地区声名较大。

1-33

北京伦敦传道会医院的病人

19世纪末到20世纪初，传教士医生不只在中国的基督教传教事业中扮演着重要的角色，也是将现代西方医学介绍到中国的先驱。19世纪以来，基督教医疗传教士在中国留下了为数不少的医学遗产，在城市中设立医院，到乡下行医施药，并且在此过程中治疗了数目可观的中国人。西方医学带来的神奇效用在他们行将入土的躯体上发挥了妙手回春的作用，在解除肉体痛苦的同时，心灵也随之发生了转向。

1-32
1-33 | 1-34

1-34

天津伦敦传道会诊所内景

诊所的摆置方式还像中式的药铺柜台，不过柜上不再是盛放中草药的小格抽屉，而是整齐码放着的瓶瓶罐罐。传教士培养的中国助手，后来多独立开业，成为最早从事现代西方医疗工作的中国人。

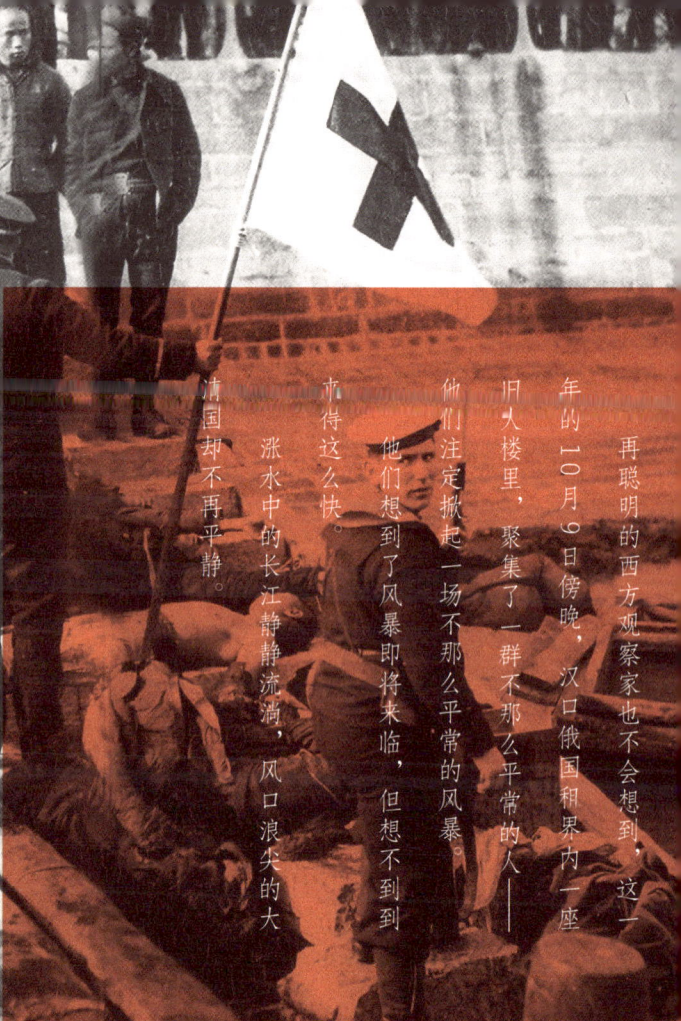

再聪明的西方观察家也不会想到，这一年的10月9日傍晚，汉口俄国租界内一座旧人楼里，聚集了一群不那么平常的人——他们注定掀起一场不那么平常的风暴。

他们想到了风暴即将来临，但想不到亦来得这么快。

涨水中的长江静静流淌，风口浪尖的大清国却不再平静。

孙中山办『革命公司』开卖『革命股票』
革命是如何策动的
死亡之城
中华民国国旗上没有龙
袁世凯再度出山
光荣的战斗
中国政治民主的诞生

激流

被烟雾笼罩的这座城市，似乎很快将在一声枪响中醒来

1911 年的武汉

钢铁厂的大型烟囱喷着浓重的呛人烟味，恍如现代之城。这座零散的城市由武昌、汉口和汉阳三镇组成。清国的改革者湖广总督张之洞从 1890 年起，在此兴办湖北纺纱局、织布局、缫丝局、钢药厂、枪炮厂。现代化外衣之下，华洋杂居，租界林立。被烟笼罩住的这座城市，似乎很快将在一声枪响中醒来。

孙中山办"革命公司"
开卖"革命股票"

1911 年的中国，一开始就是伏笔和激流。

1 月 2 日，一位在华读者写信给《纽约时报》编辑：

1911 年，一言难尽。此刻，在中国的部分地区，孩子们正在被父母贩卖，这些买卖所涉及人口超过一百万。铁道边满是饥饿的人群和尸体。

2 月 10 日，"压力"成为西方媒体上有关中国报道的关键词。西北的学生尸体被用来威胁政府，湖北男人也用自杀来求得政府让步。这样全国性的骚动与混乱，有压力，有愤懑，有要挟，也有抗争的激流。

3 月 2 日，有艘名为"解救之船"的船只装满食物从美国西雅图驶向中国。瘟疫与饥荒的苦难在扩散。甚至有饥饿难耐的父母卖掉自己的孩子去买馒头吃。在美国报纸的记录中，"现场非常糟糕，民愤在激荡，饥饿在蔓延。中国很难撑下去，需要美国的全力帮助"。

《纽约时报》接连的报道，记录下这惨痛的序幕，拉开了大清国最后一年的苦情戏。

初春，中国最早开放的商业港口上海，以其繁华和奢靡展现在美国《先驱报》记者端纳的眼前。在他的回忆里，喧闹的黄浦江徐徐东流，江面上帆影点点，仿佛它们是从梦里开来的。南京路就像一把刀子，从黄浦江畔的外滩直插至上海喧闹的商业中心。静安寺路则像一条小溪，静静地流过跑马场，流过高墙和铁门围着的公馆，并消失在乡下。在这些美景的背后，更重要的是，他遇见了上海的革命党人伍廷芳。

从此，他的命运和这场革命运动就连接在一起了。

这个八年前只身从澳大利亚来到香港的冒险家，一度作

为悉尼《每日电讯报》的记者探索过远东的奥秘。他早已预感到革命的到来，自愿来到风暴的中心。那时候大清国已然摇摇欲坠。端纳敏感地体验到这种危险的前兆。他曾经在广州采访当时的两广总督张人骏，还成为其名誉顾问。他也通过莫理循的介绍认识了宋氏三姐妹的父亲宋耀如。

革命一触即发。不只是端纳，还有莫理循，西方观察家们饶有兴趣地分析着大清国国内革命的伏笔激流与暗潮涌动，但似乎没有人能说出爆发的准确时间。

到了5月，美国媒体一如寻常地报道在美华人的动向。信息淹没在信息洪流里，以至于没有太多人特别关注到美国报纸上的一则短讯：孙中山在美国芝加哥出席同盟会芝加哥分会集会时，宣布成立"革命公司"，并动员当地华侨购买该"公司"的股票，以筹款支持国内革命活动。孙中山许诺，股金本息，革命成功后加倍偿还。

与此同时，引发更大震动的是拉美排华案。

1911年5月13日，弗兰西斯科·马德罗（Franciso Madero，1873—1913）领导着墨西哥反政府武装向墨西哥北部城市托雷翁发动攻击。作为具有战略意义的铁路交通枢纽，托雷翁城被马德罗军占领。这是其为了占领整个墨西哥北部地区的关键一步。

效忠总统的联邦政府军在两天之后放弃抵抗，撤出托雷翁城，马德罗的军队随之开了进来。随着叛军进城的是一群暴民，他们像蝗虫一样突然出现在托雷翁城内的繁华商业区，大肆屠杀和洗劫那里的中国商户。在短短10多个小时内，三百多名华人被当场杀死，造成震惊世界的流血惨案。

然而，美洲各国的排华热潮早已不是一次两次的偶然事件。伍廷芳一度往返于墨西哥、秘鲁、古巴等国进行反复的会商谈判，试图改善这种不利氛围。于是清政府命程璧光为特使，率领正在英国停留的海圻舰前往美国，转道墨西哥等拉美国家访问"护商"，通过军舰到港的形式展示武力，塑造大清国的威猛形象。

早在1911年4月24日，在其他中国军舰的礼炮致敬声中，盛装的海圻舰便已经从上海杨树浦军港起锚远行。7月底，海圻舰则从英国朴次茅斯军港再次出发，开始横跨大西洋的航行，并于8月10日在民众的注视下抵达美国纽约港，成为第一艘完成横渡大西洋航行的中国军舰。

此时的1911年，有航行，有伏笔，有激流，也有一声长长的叹息。

2-2
即将抵达美国纽约访问的大清巡洋舰"海圻号"

这艘战舰在中国海军史上充满传奇色彩：它是中国第一艘曾经访问英国、美国、墨西哥、古巴等国的大型军舰；是清政府海军中唯——艘全舰官兵都剪掉辫子的军舰。该舰环球航行期间正值辛亥革命爆发，统领程璧光率全体官兵起义，出访时还悬挂着大清黄色青龙旗，归国时则改挂中华民国五色旗。而这艘战舰的结局则伴随着国家的国运：1937年9月25日自沉于长江江阴段，塞航道以阻日舰。

2-3

程璧光同纽约市市长检阅海军

"海圻号"装甲巡洋舰泊靠纽约期间，程璧光陪同纽约市长威廉·盖纳

（William Jay Gaynor）及海军部长检阅海军。官兵们剪掉辫子昂首列队。

一向积弱之清军，在程的海军中，面目一新。

2-4

向纽约格兰特墓敬献花圈

1911年8月10日，巡洋舰队统领程璧光率大清巡洋舰队之旗舰"海圻号"约445名官兵，抵达美国纽约。"甲午"一役之败，在清朝刚刚起航的海军梦里，劈下了一记惊雷。清朝统治者急欲整饬海防，重建海军，海圻舰就是从英国购买而来的最大筹码。海圻舰上承载着清朝曾经的海防旧梦，于清宣统三年三月二十三日

（1911年4月24日），在汽笛长鸣中劈波斩浪，开始了近代中国海军首次环球航行的蓝色征程。在荣归海圻舰"故里"英国之后，它代表首次横跨大西洋的中国军舰，穿越4000海里浩浩大洋，抵达纽约。纽约市民好奇地打量着这艘传说中的国家派来的军舰。已故美国总统格兰特之子、驻纽约区陆军最高司令官小格兰特将

军热情接见了程璧光统领一行，并派大人陪同海圻舰官兵拜谒了格兰特总统墓堂，参观了格兰特纪念馆。这支海军仪仗队在格兰特的墓地前敬献了花圈。逝者已尢声尢息。这位南北战争时期出身名将的格兰特总统，与中国洋务运动的创始人之一李鸿章私交甚好。

2-5

海圻舰接受阅兵的清海军

受阅的海军兵士们面目严肃，肩扛步枪，腰间系一条搭钩军带，军帽上清晰地印着"大清海圻舰"字样。当天的《纽约时报》上称这批士兵军纪严明，现代化之威已立。这艘清国第一舰与它的海军兵士们此行还有一个重要的使命，宣慰美洲侨胞。而这也成就了中国第一艘远赴万里之外护侨的军舰的传奇。

海圻舰受命赴英庆贺英王加冕之际，适值墨西哥发生反华排华暴乱，清政府驻墨使馆代办沈艾孙急电国内派舰护侨。清政府于是令海圻舰于英国外交使命结束后，顺访美国、古巴、墨西哥，以宣慰侨胞。

2-6

程璧光

他历任兵舰管带、船政司司长、巡洋舰队统领等职。北洋政府时期，程璧光一度任海军总长。1917年，孙中山鼓励程璧光与北洋政府脱离关系。7月21日，程璧光率部分舰只举义南抵广州，并于次日发表海军护法宣言，史称护法舰队。9月10日，军政府成立，孙中山被选为大元帅，程璧光任海军总长。1918年2月26日，程璧光在广州遇刺身亡。

2-7

海圻舰官兵合影

1911年9月初，海圻舰离开哈瓦那，顺访位于大西洋中的英属百慕大群岛首府哈密尔顿。三日后，解缆续航，经过十三天的连续航行，返抵英格兰西北岸的巴罗因弗内斯港。时值9月下旬，国内以推翻清朝封建统治为主旨的民族主义革命风起云涌，燎原全国。经过与驻英大使刘玉麟一番紧急磋商，程同意领导全舰官兵加入革命阵营。程璧光集合全体官兵，说道："你们任何人如欲回国参加革命工作，请站到右舷，不赞成的站到左舷。待我数完'一、二、三'，就请各位按自己的意愿，决定行动。"只见列队甲板左舷的官兵全部移至右舷，就连纽约造船厂老板罗伊泽所赠的一只波斯猫也不例外。一时间，全舰掌声雷动。1912年1月1日（是为中华民国元年元旦），海圻舰在巴罗港举行了隆重的易帜仪式。全舰官兵军容严整，列队于甲板；由40名海军组成的仪仗队持枪站在最前列；雄壮的军乐声中，随着程璧光一声"换旗"令下，管带汤廷光将一面新制的红黄蓝白黑五色旗双手捧给值更官，值更官在两名持枪护旗兵的护卫下，驱步舰尾旗杆下，首先降下黄色青龙旗，然后升起红黄蓝白黑五色旗。图片为易帜后的程与官兵们合影。

"FEI HUNG"

2-8

舰首镶龙的清国海军军舰

下水仪式上的海圻舰，可以看到船首镶有龙的标志。海圻舰于1895年向英国订购，1898年服役。

2-9

在纽约建造中的"飞鸿"舰

原本清政府只向英国订造了两艘，后因与美国军事结盟，亦向美国加造一艘以示利益沟通。"飞鸿"舰长322尺、宽39尺、吃水14尺、排水量2115吨、载煤量550吨、载淡水量255吨，军舰动力为6座锅炉、3座特尔本式蒸汽机，功率6000马力，航速20节、编制230人。它静静地停泊在美国纽约海军造船厂，等待未来主人的探望。离开纽约前，程璧光如期参观了在造中的"飞鸿"舰，作为军人间的最佳礼物，造船厂厂长罗伊泽赠送了一只海军宠物给程璧光，只可惜这只集万千宠爱于一身的雪白波斯猫没有出现在摄影师的镜头中。而三年之后的交付之日，"飞鸿"舰也因民国政府的财政空虚，转嫁希腊。

革命是如何策动的

刚刚登基不久的 6 岁皇帝溥仪，一度作为"婴儿（宝贝）帝王"而被西方媒体津津乐道。殊不知，这个孩子看守的王朝就要终结。

1911 年 10 月 10 日，武昌起义爆发。

然而，这一个短短句子背后的内幕却不是每一个人都知道的，更不是每一个西方人可以真正了解的。英国人阿克博算是个例外。他是计约翰（John Archibald）于 1904 年在汉口创刊的《华中邮报》的记者。这名苏格兰圣经会传教士足迹遍及湖南、湖北、安徽、河南、江苏等省份，并深入社会底层。他在目睹了 20 世纪初中国内陆地区日渐低迷的传教热情和日益高涨的民怨、日渐尖锐的社会矛盾和缓缓酝酿的激流之后，辞去教职，开始走上了办报之路。

革命伊始，阿克博就借地利之便采访到了事件当事人，写下了《革命是如何策动的》长文，为我们留下了珍贵的资料。

那时候，人们只知道革命的热情被点燃了，起义爆发了，革命蔓延了，风暴开始了。但是这其中的内幕，从没有人谈起。因为当时参加酝酿工作的人，都是在地下秘密进行，局外人根本无从知道。

我们知道，是时任黎元洪军务部长的孙武，在俄国租界配制炸弹时不慎引爆，从而迫使革命党人提前起义。因为他的脸上尚有被炸伤的疤痕，且受伤较重，他被朋友救出来后一直隐匿行踪，直到养好伤才重新参加革命工作。

故而阿克博只找到了另一位当事人刘公——发布信号的人，也是策动革命的亲历者——以他为线索来梳理在伏笔与激流之后的革命行动链。在这种视角和叙述方式下，革命前因后果变得如同小说一样荡气回肠。

阿克博写道："有多少人知道，现任武昌中华民国总监察长的刘公，就是 10 月 10 日发出革命信号的人呢？谁又知道原计划负责投掷炸弹使革命爆发的人是个女子，即刘公的妻子呢？"

刘公穿西装，戴金丝眼镜，有小胡子但没有辫子。他很年轻，三十岁左右，目光锐利，看起来"似乎比黎元洪更激进"。刘公出生于湖北襄阳的世家，要不是早年去了日本留学，他可能也就是做个旧式的官僚或者学者。然而，到辛亥年他其实已经参加革命十年了，亲友给他捐道台的钱也早被他用于革命。

　　他们本来准备 12 月开始革命，八个省同时进行。然而，起义最终不得不提前。刘公的妻子是一位热忱的革命家，当时她正好要去上海组织一支女兵队伍。她装扮为做小生意的妇人，伺机向总督投掷炸弹，正式点亮革命的信号。

　　孙武和刘公都是制造炸弹的内行能手。10 月 9 日晚上，汉口的俄国租界中，孙武在制造一个炸弹的时候，不小心将其引爆。这使得还未准备好的革命党人自己提前把计划暴露了。那时候，俄国巡捕循声而来，抄去了很多东西，其中有制造炸弹的东西、拟好的宣言和给外国领事馆的私信、照会，一份革命党人的名单和一大批识别符号。

　　刘公说："如果我们不立刻起事，我们全体都会立刻遭到毁灭。"

　　革命预定在次日晚上 10 点开始，也是处决他兄弟的时刻。不过工兵和地雷队的士兵，没有等到指定时间，在 7 点半就发起了行动。他们接着急忙派人去守住各城门。

　　而炮兵就驻扎在城口，他们一听见枪声，就知道已经起事了，于是很快就开进去，占领了楚望台（当时的军火库）、黄鹤楼和蛇山。炮兵本来是准备炮轰总督衙门的，但当他们到达衙门时，发现总督早在后院的墙上挖洞跑掉了。

　　不管怎么样，革命的信号灯已经点燃了、点亮了。在阿克博看来，说到革命前景，那时候的刘公对于和谈并无太大信心，但"至少不会再有重大的战争了"。

　　革命的大幕就此拉开。

1911年10月，汉口

这些革命军士兵穿着统一的军装，腰间挂着子弹盒，斜挎汉阳造步枪，披着在新军中少见的连帽雨衣。他们脸上挂着笑容，看向镜头，也望着的这个时代。这并不是他们所熟悉的世界，许多士兵在不知革命为何物的情况下，就参加了革命，成为革命军。

2-11

义军的首领向革命新兵训话

其时的《纽约时报》记者向遥远的美国发回电文称，原驻武昌的旧城防军与忠于革命党的部队仍有短暂的交火。当英国和日本官员抗议战斗危及外国租界安全时，交火即告停止。革命党人跨过长江后，仍执行在武昌时公布的不袭击外国租界的政策，但部分卫公会的教徒仍企图翻墙逃走，据悉他们基本安全。湖北义军统帅发布了一条特别公告称，凡违反上述命令者立即处死。公告还称，"这是一支人民的军队，我们的任务是'驱逐鞑虏，恢复中华'"。

2-12

汉口的革命军营地

1911年10月，位于汉口火车站十公里处的革命军营地。他们驻守的地方帐篷林立，这将是与清军争夺的前沿。

2-13

1911年，汉口

这张照片是英国植物学家威尔逊·欧内斯特·亨利拍摄的汉口港。长江烟波浩渺，其上铁舰穿梭。这座中国腹地的长江口岸，俨然已成为清国之水陆交通中心。

2-14

孙中山与同盟会会员开会

1911年辛亥革命前，孙中山与革命党成员开会，起义已成同盟会之必需议程。同盟会则是以政治暗杀掀开了辛亥革命的序幕。清末资产阶级革命党人的政治暗杀，作为反清暴力斗争的一种特殊方式，是辛亥革命中不可忽视的历史内容。百年前中国的那一批革命党人，几乎囊括了上一世纪中国的所有名人：孙中山、黄兴、蔡元培、章太炎、陈独秀、汪精卫、徐锡麟、秋瑾、仇鳌、陈其美、陈炯明 …… 他们当时组建了许多专职暗杀的团体，在他们的策划下，"暗杀"得到了普遍的运用。在老一批同盟会会员中，暴动和暗杀都被列为革命必备的两种方法。

2-15

清廷校阅新式陆军

1911年，包括陆军大臣荫昌、载振，海军大臣载洵，贵胄陆军学堂总理载润，禁卫军大臣载涛，肃亲王善耆，以及徐世昌、段祺瑞等人在内的清廷诸大臣校阅新军陆军合影。

2-16

1911年，陕西，清军炮队官兵

法国圣方济会传教士梅荫华在1911年于陕西旅行期间拍摄的清军炮队官兵。在他所写的旅行日记里可以看到，晚清的中国，虽有新式军队的存在，但他们仍穿着旧式军装。有时候他们也会怀疑自己生存在两个不同的国家或者世界。

修复汉口铁路的清朝士兵

铁路风潮起因于清政府以铁路国
有之名，将已归民间所有的川汉、
粤汉铁路筑路权收归"国有"，转
而出卖给英、法、德、美四国银
行团，这激起了湘、鄂、粤、川
等地民众的强烈反对，保路运动
蓄势待发。民众自主请愿、捣毁
电线、沿途设卡、断绝官府往来
文书。铁路遭到破坏，清军的大
批物资和人员只得暂时滞留。保
路运动几度被推向高潮。

2-17 | 2-19
2-18 |

2-18

北洋的士兵们在阵地前休息

时代即将斗转星移，但他们还留
着清国的辫子。他们在战役之隙
疲惫地跌倒在稻草堆里，简单地
处理着身体上的伤口。这些反对
革命的士兵并不知道，几个月后，
他们也将成为革命军的一部分。

2-19

武昌起义时期的冯国璋

武昌起义后，清政府任命冯国璋
为第二军军统，增援南下。此时
的冯，眼观六路，对时局了然于
胸，为袁世凯密令是听，讨得袁
世凯"慢慢走，等等看"这六字秘
诀。其率军与革命军激战四夜，
于1911年11月1日攻陷汉口、

汉阳。冯国璋（1859—1919），
字华甫，河北河间人。1884年因
家境困窘，只身前往天津从军，
并进入天津北洋武备学堂。小站
练兵之时，因辅佐袁世凯操练新
军，与王士珍、段祺瑞并称"北
洋三杰"。冯国璋的政治生涯与护
袁和倒袁相伴。

2-20

被俘的革命党人

不幸被俘的革命党人，被捆绑在一起。摄影师捕捉到他们充满着淡然、漠然、惊恐、疲惫的眼神。清军急攻40余天，阳夏告捷。革命军撤出武汉。清军随即在城内展开大规模的搜捕与攻杀，据称至少万人被抓。

2-21

守卫欧洲租界的德国海军

武汉三镇的外国人在枪火中快速集合起来，进驻外国租界。他们报告说受到了革命军无微不至的照顾和关怀。尽管如此，荷枪实弹的海军们，仍在一家叫作嘉礼书店的楼下，用沙袋垒起防线。

2-22

作壁上观的外国人

1911年11月，英国和日本驻武汉领事馆的领事们，站在日本领事馆的屋顶上观看皇帝的军队与革命者们在武汉城中的战斗。袁世凯派他的军队在攻击汉口的同时，照会了驻武汉的所有领事馆，他们不在清军的炮击范围内。当然，他们也不会受到清军的攻击。

死亡之城

　　真正的革命现场，其实更加残酷、血肉模糊。记者丁格尔的记录，为我们还原了那个惊心动魄的……

　　激战持续了整整五个白天和四个可怕的夜晚，近距离的步枪和马克西姆机枪声持续了一天又一天，令人胆寒。革命军在一段时期内掌握了战争的主动权，他们用马克西姆机枪每天都成百地清灭敌人，北洋军士兵死亡不计其数。每天晚上，死尸都用火车运走，他们的伤员被扔在寒冷的阵地上，直到因可怕的伤病和饥饿而死去。过于激烈的战事使红十字会都无法工作。

　　（在战斗结束后返回的路上）眼见的是曾经猛烈抵抗过的痕迹，房子被炸成断壁残垣，弹药箱被撒得到处都是。我碰到五六个湖南兵，他们正趴在路边的矮护墙下隐藏着，准备伏击清军。他们占据了铁路沿边与马路平行约半英里远的地方。他们以友好的方式挥手，示意我向前走，显然不希望向敌人暴露他们的存在。我继续孤独地骑行。路边有一具穿黑色外套的已面目全非的尸体，上面爬满了苍蝇，一堆未曾使用过的炮弹躺在地上，它们诉说着清军失败后匆忙撤退的情形。寂静的空气里充满着死尸、烧焦的肉及木头的臭味。突然一道闪光，随即"砰"的一声，步枪声从铁路边传来，我不知道是否是冲我而来的，我下了车向前走了几步，显示我自己是一个外国人，但后来没有发生什么事，我骑上车继续走。不久，碰到另外十个穿黑外套的家伙，他们正趴在路边，准备着向铁路边乱射，更多的人在房子里躲着，从已毁坏的窗户内向外开火。在一些损毁的破房子中间有几具革命军人的尸体和烧得半焦的一匹马或是一头奶牛。再向前，在路边有一具女尸，半裸地躺在一摊血里，看起来是一个乞丐。

这段话出自为上海《大陆报》工作的西方记者丁格尔的名作《中国革命记》。

革命刚刚爆发时，丁格尔就住在汉口，是革命军领导人黎元洪的私人朋友。之后的南北密谈期间，他又去了上海、南京，接触过袁世凯的幕僚。他利用自己独特的身份，游走于各大政治势力之间，探寻政治的惊人内幕，撰写了大量独家观察报道。

2-23

革命党人的尸体被捞上岸

横渡汉口长江时遇难的革命党人的尸体被租界内的外国人组成的红十字会人员带上岸。据当天的《纽约时报》所刊的消息称，江中布满了义军与清军的尸体。他们保持着各种奇怪的姿势。也许他们永远看不到各自的胜利。这些尸体泡在江边数日。双方的士兵不断地射击，直到政府军彻底占领汉口，红十字会的人才有机会将这些尸体打捞上来。

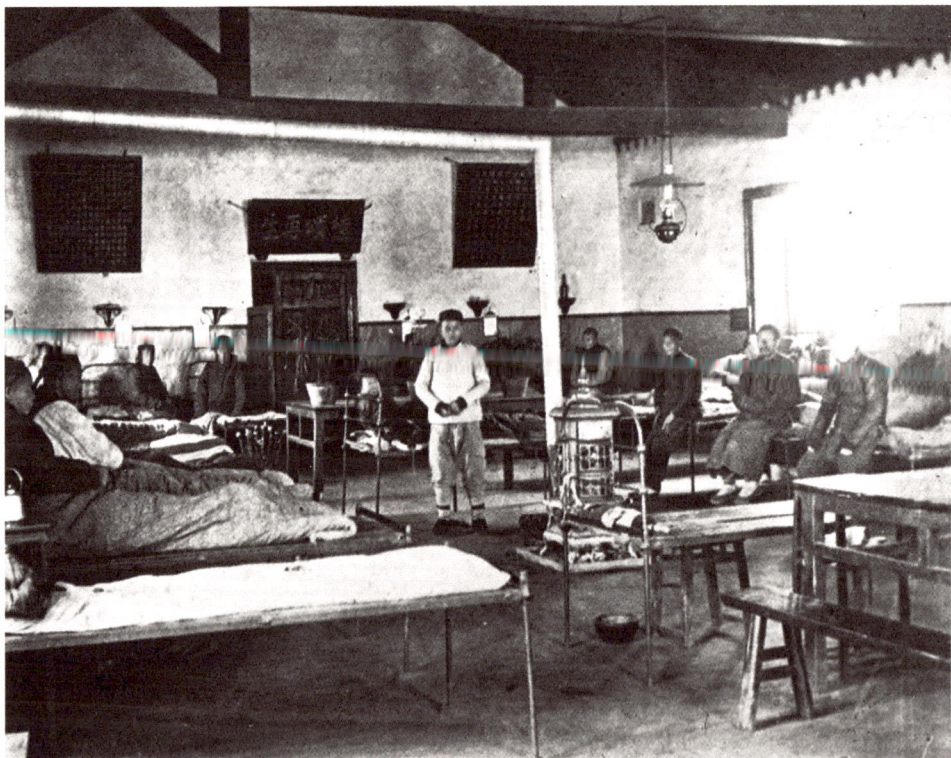

2-24

汉口教会医院的病房

美国圣公会创办的武昌公会医院，在战斗开始后，即开始营救义军伤兵。照片中的医院已颇具现代医院的规模。战后，湖北总督黎元洪，感于医院救治之德，曾给予大力支持与褒奖。

2-25

汉口，民众被动员起来，把伤亡士兵抬下战场

阳夏战役，历40余天，伤亡人数15000人。武汉一城为辛亥首义做出了重大的牺牲。

中华民国国旗上没有龙

革命最终爆发了。一声巨响，这声惊雷震醒了许多人。

10月11日，起义的第二天，远在北京的莫理循便给《泰晤士报》发出北京专电，通报这次革命对大清国的巨大震动：北京被革命爆发和军队叛乱的消息吓得心惊胆战。"清朝危在旦夕，满朝文武，草木皆兵。""人民死伤不多，但财产损失严重。革命党人秋毫无犯，北洋军队肆意掠夺。"

他专门奔赴动荡中的汉口，从10月11日到24日，用近万字的报道，向世界讲述了武昌起义后的中国。

10月11日，革命党人宣布成立中华民国。

11日，武昌全城光复。"看上去就很激进"的黎元洪出任中华民国军政府鄂军都督，发布著名的《致全国父老书》。

10月15日，《纽约时报》上即醒目地刊出了"中华民国"的国旗，报道题名为：中华民国国旗上没有龙。潜台词即为黄色青龙旗已经不再，中华民国的新生便成为这一次革命的最有力佐证。

佐证历史的不只是国旗、国家的新生。

航行出访的海圻舰亦穿越了历史。这是唯一的一艘环球航行期间经历辛亥革命爆发的传奇军舰。舰上全体官兵在舰长程璧光的带领下毅然投入革命队伍——出国时舰旗还是清朝的黄色青龙旗，归国时已变成了中华民国的五色旗。

10月22日，长沙独立，成立湖南军政府。陕西新军攻占西安。

23日，江西九江、南昌光复。

27日，汉阳失守。清廷授予袁世凯为钦差大臣。

2-26
2-27

2-26

坐火车开往前线的清朝新军

阳夏战役历时40余天。清廷先后从内地调集军队几十万，赴武汉参战。照片中为坐在火车上等待出发的新军士兵。车厢中士兵们与山炮集于一处。杂乱的氛围中，肃杀之气已来。

2-27

休整的革命军队在汉口集结

待命的起义军，脸上写着对于未来的迷茫。士兵们穿着混搭的军服，当中许多人还扎着长辫，手执各种兵器，如同这场突然到来的革命。他们看起来粗糙、混乱，却又充满生机。

2-28

1911年在汉口的清朝侦察兵

汉口前线，正在执行任务的清朝侦察兵，胸挂望远镜，手拿指挥刀，身着整齐的戎装。

在汉口执行侦察任务的清兵不是如书中所描述的那般懒散懈怠，而是精神焕发，专注认真。他们接受过新式的训练，经历过炮火弹雨的洗礼，标榜新兵的他们，维护的是摇摇欲坠的旧制度。

2-29

汉口前线的清国军官

他们正在参加"阳夏战争"，这场战争被誉为"改变中国命运的100场战争"之一，也是辛亥革命中规模最大，战斗最激烈的一场战役。战役自10月18日开始，分为汉口战役与汉阳战役两个阶段，历时40余天。因战事发生在汉阳和汉口，故史称"阳夏战争"。虽已采用各式炮舰，革命军浴血奋战40余天，最终未能扭转失败的结局，革命军伤亡3300余人，被迫撤出汉阳。颇为讽刺的是，武昌起义胜利后，曾率领清军与起义军血战的袁世凯，摇身一变竟然成为民国的总统。

2-30

孝感前线的清朝军队

清陆军大臣荫昌和官兵在孝感前线。为攻击起义军，清政府在派出冯国璋部后，又派出了以陆军大臣荫昌为总统官的讨伐军。这支部队由陆军第四镇和第二镇的混成第三协、第六镇的混成第十一协编成。该军第四镇即向孝感附近集中，第三协及第十一协二十二标速趋滠口，掩护大军南下。汉口位于长江北岸，首先受到攻击。经过半个多月的激战，革命军终因寡不敌众，被迫退守武昌，此后同清军在武昌对峙长达47天，为革命的最后胜利争取了时间。

2-31

九江作战的革命军的舢板

九江革命军的简陋炮船。武昌起义后，革命军水上部队驻刘家庙及武汉、九江之间。黎元洪在给各舰管带的信中，情深意重地呼喊革命者："汉族存亡之机，在诸船主一臂之力。孰无心肝，孰无血诚，孰非炎黄子孙，岂肯甘为奴隶，残害同胞？请勿犹豫。"

2-32

清朝军队在孝感通过浮桥

袁世凯亲抵孝感前线指挥，围攻汉阳。清军在袁氏指挥下，势如破竹。清末编练的新军已装备先进的浮桥，以折叠的小船为桥墩，上搭木板，供军队通过。澎湃的江水，似乎也预示着革命中涌动的暗流。

2-33

臂缠白巾的起义者

起义军因时间仓促，而没有制式军服，为与清新军区别开来，他们相约臂缠白毛巾。参加起义的革命党人多来自南方，有粤籍的，也有川籍、闽籍的，他们告别父老妻儿，离乡背井。起义前，他们纷纷写下遗书，其文凄婉真挚，字字泣血。

2-34

清朝的炮兵部队

清军炮兵的装备早在甲午海战时已有了不同于往昔的提高，包括购于英国的阿姆斯特朗式、格鲁森式和德国的克虏伯式后膛炮以及江南制造局制造的后膛大炮等。这些精良的武器装备打出的炮弹，一颗一颗轰击着革命军的阵地，革命军很难抵御。

2-35

汉口野战炮和清朝军队

北洋野战炮队，安扎在汉口前线。不远处的墙壁上写着"玉成公司"字样。手持战刀的炮长在炮后，对着身后的炮兵们训话。庚子拳乱后，清廷痛感整军经武之必要，将全国原有各制兵防勇严行裁汰，精选募练常备、续备、巡警等军，一律操习新式枪炮。清末新军中并无独立炮兵部队建制，在定制中一镇内有炮兵一标，计三个营。北洋六镇与禁卫军炮兵实为中国炮兵之精华，武昌起义后，第二、四、六镇炮队和禁卫军一个炮队营投入湖北前线。北军的新式管退炮在射程方面远优于革命军的火炮，对起义军造成很大威胁。

2-34
2-35

2-36

革命军占领后的江岸车站

暴动的兵士们衣着不一，马匹在身后驻足。这张照片
由日本驻华人员拍摄，这表明清军与起义军均对外国
人持友好态度。否则根本不可能在如此激烈的战斗
中，还有机会拍下如此闲适的照片。

2-37

郊外革命军攻击隔岸之敌

这张照片由日驻汉口租界武官拍摄。日人对于中国任何事物的资料收集都极为精心。综而观之，日人自摄影术发明后，即用摄影这种方式来记录发生在与日本相关或无关的任何一种历史事件上。他们关于中日甲午海战的详细图录，至少说明了他们的野心。而武昌首义事件，对于日人更是观察中国的一个不可多得的时机。他们专门在战后制作了一本印制精良的《武昌暴动图集》，这张照片就是其中之一。

2-38

革命军撤出武汉

1911年，英国驻汉口领事助理威亚特·史密斯从火车上拍摄到的革命者撤出武汉的照片。在他后来出版的一本叫作《看到共和国的诞生》的书中，他描述了这支"反叛部队在被清国的袁世凯的所谓平叛军队于10月27日轰炸汉口，并造成500多人的伤亡后，从汉口撤出"。

2-39

革命军向城外突围

1911年10月，革命后的新军战士们，在清国的皇家军队的攻击下，从汉口开始撤退，他们的队伍从初冬的田野上，分十几路突击。远处还可以看到炮弹炸起的硝烟。

2-40

难民聚集在汉口车站

暴动期间难民们肩挑着自己的家当，他们可以逃亡的地点似乎只剩下了车站与码头。车站上有士兵站岗。那个回头向士兵解释的男人，脸上挂着惶恐与无奈的笑容，这种笑容许久地挂在中国人的脸上。

KIANG YUNG

2-41

"江永"号载着汉口难民抵达上海

1911年10月27日，冯国璋率领的军队进入汉口和革命军展开巷战，继而放火烧毁大片汉口地区，很多百姓沦为难民。他们乘坐"江永"号轮船逃往上海。英国的《伦敦画报》对难民的情况做了图文报道。

袁世凯再度出山

革命爆发后，受国内外形势所迫，大清国被迫重新起用袁世凯，由其出任总理内阁大臣，主持军政。革命当前，袁世凯深知大清国气数已尽，无力回天，便联络革命势力，倒戈一击，逼迫清帝退位，实行共和。

在《大陆报》特派员丁格尔的报道中，袁世凯是"一个身材魁梧、残忍的、敏感的、乐观的中国人。他拥有广泛的权力。他常常把赌徒或其他诸如此类的人抓起来杀掉"。

袁世凯是一个毁誉参半的人物，他统治下的中国前途仍捉摸不定："中国已经与他的生命和荣誉联系在一起了。中国将面临两种结局：一个和平安定、从种族苦难中摆脱出来、得到世界支持、雄赳赳地驶出港口的中国。另一种呢？一个自身极度绝望、充满新仇旧恨、更多流血冲突的中国。"

但也并非意味着丁格尔就要否定他。他依旧认为"袁世凯是那个年代里最伟大的军事改革者"。他编练北洋军时，将中国旧军队的一些固有缺陷"降到了最低程度"，培养了士兵对他的忠诚，提高了战斗力。

北洋军成为清室唯一可以倚仗以抵抗革命者的武装力量，袁世凯被再次起用，任湖广总督，旋转任内阁总理大臣，主持军政。革命当前，袁世凯虽知清廷气数已尽，无可挽回，但谋略极深的袁却旋派北洋军攻杀起义者。吊诡的是，辛亥首义，无关者袁世凯却成为意想不到的最大受益者。

2-42
南京下关大战革命军图

木版画，表现的是辛亥革命时期在南京下关，萨镇冰所部水陆大战革命军的场景。

光荣的战斗

不同于莫理循与丁格尔仅仅作为记录者角色，美国纽约《先驱报》的记者端纳则担任起了革命组织者的工作。

各省纷纷起义后，唯独剩下了张勋控制下的南京。在这时，端纳甚至自告奋勇地成为紫金山上的侦察员。

南京城面临生死一战。在现场的见证者中，参与者端纳是唯一的西方记录者。

太平门附近的车站电报局里，一根蜡烛，一支铅笔。他在杀气腾腾的空气里写下两千字的报道，《先驱报》和其他澳大利亚报纸才得以向西方世界公告这场"光荣的战斗"：

1911年12月1日，南京城外。今天早晨，一场生死斗争在一座城市和一座山的中间进行。炮弹在紫金山顶到平原处一带咆哮，弹片在高处和远处飞散，中国革命党人几乎没有伤亡，处在低处的清军士兵正在做绝望的挣扎。

就在那时，攻城仍在继续。

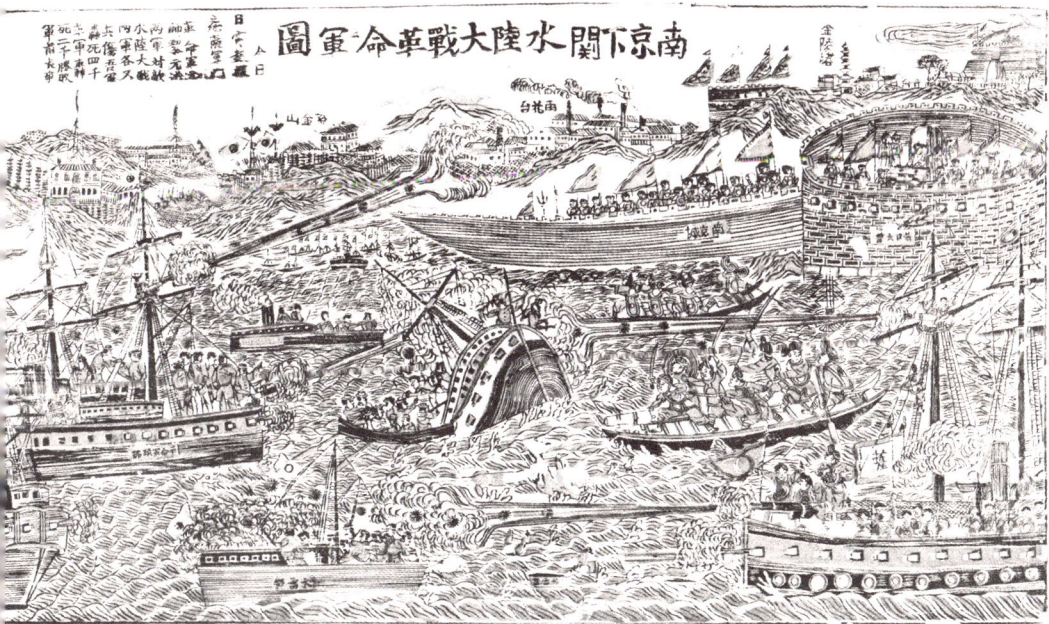

中国政治民主的诞生

1911 年，美国《纽约时报》《芝加哥论坛报》纷纷关注中国的辛亥革命的进展，并进行连续报道。其中，《纽约时报》在革命爆发之后，连续 39 个上午都在头版报道来自中国的消息。

以东，这份美国老牌报纸又照例请来了 15 位名人，以挑选出 1911 年最伟大的事件，其中 9 位选择了"中国的辛亥革命"。这声革命的惊雷震撼了世界，也无愧是当年头条的国际新闻，被誉为"中国发生的以建立自由和诚实的政府的运动""中国政治民主的诞生"等。

巨雷惊煞了这片古老帝国的土地，也掀起了血雨腥风。

风雨之后，1911 年的中国开始了一段新的征途，走向共和，走向尚未结束的革命。

2-43

民国临时大总统选举会合影

1911年12月29日，南京中华民国临时大总统选举会正式举行。该照片上共有47人，包括来自17个省份的43名代表，以及监票员刘之洁（左侧着军装站立者）等工作人员。前排右六汤尔和，右九王宠惠；中排右四赵仕北，右十林森；后排右一王正廷，右二胡瑛，右十居正，右十一吴景濂。是这些人选举出了中华民国历史上第一位临时大总统。

2-44

临时大总统

孙中山被十七省代表在南京推选为中华民国临时大总统之后的军装像（1911年12月29日）。孙在当选之时发表感言："然而临时之政府，革命时代之政府也。十余年来从事于革命者，皆以诚挚纯洁之精神战胜所遇之艰难。即使后此之艰难远逾于前日，而吾人惟保此革命之精神，一往而莫之能阻，必使中华民国之基础确定于大地，然后临时政府之职务始尽，而吾人始可告无罪于国民也。今以与我国民初相见之日，披布腹心，惟我四万万之同胞共鉴之。"

2-45

汉口火车站附近的断壁残垣

冯国璋攻占武汉后，下令将这座城市付之一炬。一纸令下，房舍民宅置于火海。大火三昼夜不熄，汉口四分之一市区毁于一旦，十余里街道被烧为焦土。

2-46

战争后被遗弃的山炮

1911年11月，武汉下了一场大雪。一架残山炮，孤独地放在汉阳的龟山上，它的炮口仍然瞄准着远方的汉口。

2-47

东北鼠疫中的医疗团队

在这个改朝换代的年份，清政府还扑灭了一场大型瘟疫。来自马来西亚的医学博士伍连德临危受命，组建了一支专业队伍，在扑灭这次来势汹汹的鼠疫中，发挥了中流砥柱的作用。可以看到，照片中有一个人戴着伍博士发明的口罩，他首创的"疑似病房"，在百年之后的今天，还在使用。

2 - 46
2 - 47

2-48

时年25岁的蒋介石

辛亥革命前后，蒋介石都在同盟会员老陈其美的指导下从事革命活动。辛亥革命爆发后，同年10月30日，蒋介石即从日本回到上海，并受陈其美指派到杭州，与王金发等鼓动浙江新军，组织敢死队，以待起义。

照片中的蒋介石第一次穿着西装留影，在如今看来相当普通的西服，当年却是前卫，甚至是冒险的穿着。宽大的袖子，略显肥大的腰身，还有带着褶皱的下摆，都体现出这件衣服的临时性质，这件衣服应该是照相时特地借来用的。有资料可查的蒋穿西服亮相的场合没有超过三次，其中第二次是他的婚礼，为了配合妻子的西式新娘礼服。第三次便是1949年7月14日，兵败如山倒之后，菲律宾总统邀请蒋介石前往访问，蒋入境随俗又穿了一次西装。

2-49

辛亥革命期间的孔祥熙

这位孔子第75代孙，耶鲁大学毕业后，回到山西。武昌首义爆发，孔祥熙调集太谷县的商团及铭贤学堂学生，组成民团负责地方秩序，之后被推举为山西中路民军总司令。

2-50

张作霖在沈阳

1911年（宣统三年）辛亥革命，张作霖经奉天省君主立宪派领袖袁金铠保举，被东三省总督赵尔巽重用，任奉天国民保安会军事部副部长。

2-51

剪去象征清朝的辫子

1911年的最后一天，也就是孙中山就任临时大总统的前一天，南京街头的军警为行人强剪辫子。剪辫子成为革命的一个象征，时代转换的一个标志。清人入关时要求剃发、留辫，不服从者杀无赦，从北到南，为了这道不可抵抗的命令，不知有多少汉人丧了命。经过一百多年，脑后拖一条长辫子似乎成了习惯。然而，从晚清开始，有识之士就不断呼吁剪辫子。1903年1月15日，天津《大公报》的征文题目赫然是

《剪辫易服说》。自1904年起，练兵处要改军服，辫子成了障碍，之后，新军官兵、警察剪辫子的越来越多。进入1910年，军咨大臣载涛决定不再禁止禁卫军剪辫子，准其自由。1911年12月17日，天津《大公报》报道，袁世凯于12月13日剪去辫发，"以为各界之倡"。身边的人说，袁世凯剪辫子时不断哈哈大笑，谈话中显出异乎寻常的高兴。剪辫子，意味着一个旧时代的结束，也意味着一个新时代的开始。

2-52

汉口,悬挂五色旗

1912年3月,汉口一条繁华的 大街上,商户沿街挂满新成立的 中华民国国旗,这面旗子由红、 黄、蓝、白、黑五色组成,意谓 汉、满、蒙、回、藏五族共和。

2月12日，隆裕太后以宣统皇帝的名义下诏，宣告清廷退位。事实上，在那之前，袁世凯已经进驻北京。待在北京的莫理循看到其他西方媒体观察家不曾看到的景象——从此车中走出的袁世凯，姿态既滑稽又优雅，他轻快地走过整个站台，"以此向人们展示，三年前使他被免职的那条酸痛的腿此刻好极了"。

被忽略的刺袁现场
共和国的隐忧
共和国的异见者
日本公使拒绝拜见袁大总统
北方派与广东派的分裂

共和

一九一三・一三

1912年1月，中华民国临时中央政府在南京成立

1912年元旦，孙中山归国就任中华民国临时大总统。此前的一年对他来说，是翻天覆地的一年。他这个流亡海外16载的革命者，一举成为当之无愧的中华民国临时大总统。1912年1月1日上午，孙中山乘坐专车离沪，下午抵达南京，所到之处各界人士夹道欢迎，"共和万岁"之声响彻云霄。当晚，总统府内举办庄严而质朴的就职典礼，孙中山发布了《临时大总统就职宣言》和《告全国同胞书》。宣言表示将努力"尽扫专制之流毒，确定共和，普利民生，以达革命之宗旨，完国民之志愿"。宣言发布后，孙中山下令定国号为"中华民国"。1月2日，通电改用阳历。

孙文的共和国宣言
由西方记者拟就

1911 年的暴动与喧嚣后，是 1912 年的尘埃落定。

1月1日，孙文从上海抵达南京，宣誓就任临时大总统。在总统就职仪式的现场，记者端纳记录了这个重大事件，从南京发出报道后才回到上海。

几天后，全世界很快看到在遥远的东方，曾经的帝国崛起和陨落的地方，新生的一个共和国开始向世界喊话。

然而，没有人会想得到这份共和国宣言其实出自一位西方记者之手。

高鼻子，深凹的眼睛，面带微笑的年轻老外，澳大利亚记者端纳，通过打字机"生产"出这些宣告革命、共和、民主、新生的词句。

他是在上海革命党部一间冰冷的小屋里接到通知的。在他被冻得哆哆嗦嗦的时候，孙文派人送来专电，特邀其草拟宣言。

当端纳在长江流域见证共和之火剧烈燃烧的时候，另一位著名记者莫理循则依旧留守北京。那时候，袁世凯一面往南方派兵，一面也在推进与南京政府的秘密谈判。

如此行动目的很简单：软硬兼施，只为逼清廷退位。南方政府必须做出让步，代价则是袁任总统。

对于未来，袁世凯变得越来越自信。有一次，他甚至小声对莫理循耳语："再加些压力，清廷就垮台了。"

人们都在猜测朝廷离开北京的时间，作为身处局中的局外人，莫理循也向《泰晤士报》抱怨："清廷正在热河筹建宫廷。如果朝廷去热河，事情就简单了。为什么他们还不去热河呢？"

"中国通"莫理循第一时间得知了清帝的逊位条件："袁世

3-1

孙中山赴南京就职前留影

1912年1月1日上午，孙文自上海北站乘火车抵南京，当日22时于南京总统府宣誓就任中华民国临时大总统，是年孙文46岁。是日定为民国元年元旦。

凯准备每年给他们多达五百万两的银子，这是一个很荒谬的数字。我在和他的通信中说，一百万两就足够了。我提到波斯和土耳其的情形。我说，生活费的水准是摄政王自己定的，他引退后每年得到五万两。因此，他们不应该给别的亲王比这更高的生活费。一共只有八个亲王。皇帝将得到二十五万两。在整个这场危机中表现不错的皇太后也许能得到相同的生活费。袁世凯打算给她特殊优待，因为她是光绪的遗孀，而人们责怪袁世凯 1898年错待了光绪。"

无疑，这些昂贵的逊位条件，是双方妥协的结果，而对于这个结果，很多人并不满意。代表南北双方进行和谈的唐绍仪和伍廷芳，对此也颇有微词，《泰晤士报》驻南京记者福来萨写道："这两人都不乐见给予满洲人的过于优厚的待遇，不满意诏书中的语调，他们甚至公开讲出有敌意的话。"

但是，无论如何，清廷能够如期逊位，中国没有经历太多的流血事件就完成了一场天翻地覆的革命，这个结局已经算差强人意了。

在袁世凯前来拯救隆裕太后和溥仪这对孤儿寡母的同时，清廷正式退出历史舞台。莫理循眼疾手快，立刻发出了"帝国下诏宣布共和"的报道，由于抢先爆料了这一足以撼动西方舆论界的消息，莫理循获得极高的声誉。

2 月 11 日，袁世凯如愿以偿，当上了临时大总统。这与莫理循、蔡廷干等人的大力协助是分不开的。尤其在此之前，莫理循就在《泰晤士报》上赞扬袁世凯是"最适合当总统的人"，认为工于心计的袁世凯是当时处于动

3-2
段祺瑞奉袁令，逼清帝退位

段祺瑞一生曾"三造共和"，洵为佳话。1912年，段祺瑞联名北洋高级将领电促清帝退位，隆裕太后下诏清帝退位，此为"一造共和"；北洋时期，段祺瑞推翻称帝的袁世凯，黎元洪继任大总统，此为段祺瑞"二造共和"；1917年，段祺瑞赶走张勋和复辟王朝，正式任国务总理兼陆军总长，此为段祺瑞"三造共和"。

3-3

袁世凯赠给莫理循的照片

袁世凯称其为"莫大夫",是因为莫理循1887年毕业于英国爱丁堡大学医科,博士学位。1897—1912年才正式担任英国《泰晤士报》驻中国记者,并于1912年任民国大总统袁世凯的政治顾问。

荡中的中国唯一可以胜任领袖职位的人。作为"中国的未来",莫理循相信袁世凯能成为自己心目中的领导人——"这个领导人应具备绝对权威,在世界有影响,以英国式的资本主义政治、经济、文化、外交为其指导方针,能够把中国引领向强大、光明的未来"。

袁世凯曾赠给莫理循很多签名照,其中一张上甚至有手写英文签名:您诚挚的袁世凯。澳大利亚记者莫理循华丽转身,被聘为袁大总统的政治顾问。也是在这个时候,他被赐予金印,以表彰其特殊贡献。

就连王府井那条最著名的商业大道也被新命名为"莫理循街"。颇为讽刺的是,一场新的反抗也随即开始,中国历史开始有了意料之外的逆转,西方媒体与记者以更为出乎意料的方式参与其中。

曾经的帝国崛起和陨落的地方，新生的一个共和国和她向世界说的话。

3-4

孙中山参加内阁会议

此时的孙中山意气风发，革命胜利的果实已在眼前。1912年1月1日，孙中山于南京就任中华民国临时大总统之日，因内阁成员尚未抵达南京，故迟于1月21日孙文才主持临时政府第一次内阁会议。中华民国临时内阁仅存在两个月，成员有陆军总长黄兴、海军总长黄钟瑛、内务总长程德全、外交总长王宠惠、司法总长伍廷芳、教育总长蔡元培、财政总长陈锦涛等。

3-5

旧金山华侨敲响自由钟

从筹措经费到革命发端，孙中山曾四次前往旧金山宣传革命，海外华侨也为中国的革命捐款出力，孙中山也因此发出了"华侨为革命之母"的感慨。当大洋彼岸捷报传来，旧金山的华侨也为故土推翻帝制，迎来新时期而欢呼雀跃。1912年1月28日，旧金山华侨为中华民国的成立敲响自由钟，自由的钟声里传递着血脉相连的骨肉情怀。

3-6

旧金山华侨组织游行

孙中山就任临时大总统后，美国旧金山市的华侨举行盛大游行。游行中的花车上还有"君主专制收体火亡""共和国万岁""少年中国的胜利"等标语。革命前，旧金山还是洪门筹饷局成立之地，国内武装起义的军饷都由洪门筹饷局筹备。在辛亥革命中，海外华侨起到了极其重要的作用，许多华侨追随孙中山投身到革命中，他们在侨居地积极参加和支持同盟会，提供经费支持革命活动，还回到家乡建立革命组织，多次参加武装起义。1894年11月，孙中山在檀香山设立兴中会，首批入会的20余人都是华侨。辛亥革命的成功，海外华侨功不可没。在黄花岗起义中遇难的黄花岗72位烈士中，华侨就占了29人。孙中山曾给予华侨高度评价："我海外同志，昔与文艰苦相共，或输财以充军实，或奋袂而杀国贼，其对革命之奋斗，历十余年如一日，故革命史上，无不有'华侨'二字，以长留于国人之脑海。"

南北议和会议

南北议和开始于1911年12月上旬，清政府任命袁世凯为议和全权代表，袁世凯则派唐绍仪为他的全权代表，南方11省革命政府推举伍廷芳为议和总代表。正当南北双方代表争执不下的时候，孙中山在南京组织了临时政府，表示革命目的不达，无和议可言。袁世凯一方面革除唐绍仪的代表职务并中止和谈，一方面对南方施加军事压力；再加上临时政府内一些同盟会会员和立宪派纷纷活动，孙中山终于被迫承认了议和的条件。为了早日推翻清廷和结束封建帝制，孙中山"迫而牺牲革命主张"，表示若清帝退位，袁世凯赞成共和，则推荐袁世凯为临时大总统。南北议和，成为史上代价最小的全国性政权更迭。1912年2月12日，清政府颁布清帝退位诏书，清王朝不复存在；但与此同时，心存复辟意图的袁世凯却窃据了民国的最高权力。

被忽略的刺袁现场

北方政府也并非波澜不惊，苟延残喘的清廷内部，同样存在着一些激进的声音。

早在 1912 年 1 月 5 日，莫理循就曾预言："我相信一定会出现一个民国，而袁世凯只要在此期间不被炸死，会成为民国的第一任总统。"莫理循提出了一个残酷的前提——袁世凯不被炸死。

时局比莫理循想象的还要残酷。无论怎样严防死守，爆炸还是如期而至。

这一年 1 月 16 日，北京东华门附近的丁字街。莫理循成为一个重要现场的目击者——那就是不少史书、教材乃至传记都忽略的刺杀袁世凯。

随着一声巨响，片刻沉寂后，袁世凯乘坐的马车在卫兵的保护下迅速从出事地点冲出来，经过莫理循的身边时，这位年轻的西方记者才意识到有人投掷了炸弹。

很容易就可以看到袁世凯坐在里面，安然无恙。

莫理循感叹道："感谢上帝。"

然而，又一匹马从大街上一路狂奔而过，随后士兵也狂奔起来。莫理循立马向出事地点跑去。

被炸断的电报线，砸坏的电话散落一地，现场一片狼藉。部队士兵和警察很快控制了出事地点。一队士兵甚至向靠近街角的第三座房子冲去，他们用枪托砸破窗户，一跃而入。

炸弹是在消防泵附近爆炸的。

莫理循的目光扫到一个士兵倒在血泊中，面部朝下，一股鲜血汩汩涌出，安静得就像刚刚被宰杀的猪一样。但是，没有人注意到他，没有人在乎他身受重伤，也没有人试图将他挪到安全一点的地方。

另一处，消防泵和灭火水龙头的附近也有一名被炸伤的士兵，有气无力地躺着，眼看着也快活不成了，同样也没有人在意，没人去搭理他。

远处，还有被炸死的马。

士兵们把那枚造成这场爆炸的炸弹小心翼翼地放进路边的一个篮子里严加看管。其他士兵和警察则迅速集结，开始搜查附近的商店、居民住所。场面混乱，人声嘈杂，哀号不断。

一名嫌疑人很快就被捕了，另外两个投掷炸弹的凶手也被捉拿归案。

莫理循记得其中的一个留着小胡子，穿中式长衫，这个年轻男子面相酷似日本人。实际上，整场爆炸事件的第一目击证人除了莫理循，还有一个卖《圣经》的蒙古商人。

刺杀未遂事件发生之后，一位英国《伦敦新闻画报》记者立即赶到现场。他不仅在 1912 年 2 月 10 日的《伦敦新闻画报》上发表了一篇简短的现场目击报道，同时还刊登了十张他在现场拍摄的照片。

在图片报道的叙述里，形形色色的细节甚至推翻了曾经为数不多的学者对此事件的记录与论述。

这里有的只是：手提大砍刀，在十字路口看守着被捕革命党人的京师刽子手，刽子手身旁被捕的革命党人和在现场采访的英国记者，以及路中央用箩筐盖着的那颗没有爆炸的哑弹、那匹倒在血泊中的黑马，还有伸长了脖子等着看热闹的北京老百姓们。

据报，前不久中国的隆裕太后发布了一个未经公开的诏书，指示袁世凯与南方的共和党人合作，以成立一个共和政府。于是袁世凯便试图说服南京政府在全国国民代表大会上制定一个永久性的政府制度，并在宪法通过之前容许由他来主持国家事务。袁世凯不太可能发现自己要走的那条路上布满了荆棘。毋庸置疑的是，他的生命时刻都受到威胁。别忘了 1 月 16 日所发生的事件，在那次事件中他差一点没有逃过刺杀。当时他在紫禁城参加完一次御前会议之后出来，马车正要穿过王府井大街时，突然有三颗炸弹向他袭来：大约有二十人在这次刺杀事件中受伤，其中包括他的卫兵和巡警，有好几个人因伤势严重而濒临死亡。那些跟炼乳罐头一般大小的炸弹中装了威力强大的烈性炸药。其中有一颗炸弹没有爆炸，另外两颗也没有准确命中目标，而是落到了内阁总理大臣的马车后面。刺客们是在袁世凯的马车队接近时从茶馆里出来的，扔完炸弹以后，他们又逃进了茶馆，并在那儿被捕。[1]

---

1 《伦敦新闻画报》，1912年2月10日。

3-8

1912年北京，坐轿中的袁世凯及其卫兵

同盟会刺袁小队分为四组，然而被临时告知放弃行动，未接到通知的队员仍在1月16日早晨执行了刺杀任务。刺袁行动虽然失败，而受到惊吓的袁为了自身安危，遂通电南京，愿意议和，但要求对方保证不要再对他行刺。

最终，袁世凯毫发无伤地躲过一劫。

莫理循的记载以目击者的第一视角印证了英国记者在《伦敦新闻画报》中的影像记录，却忽略了事情背后的同盟。爆炸刺杀的执行者正是同盟会会员杨禹昌、张先培、黄之萌等人。

事实上，当天暗杀发生后，随即便有大批军警在出事地点搜查刺客，当场捕获了张先培、黄之萌、杨禹昌、陶鸿源、薛荣、李怀莲、许同华、傅思训、黄永清、萧声十人。当天就有法国新闻记者保释了其中的七个人，只有张先培、黄之萌、杨禹昌三人因被当场搜出了武器而判处死刑立即执行。

"这些刺客并不是清一色的同盟会会员。他们都不满意南方对于袁的妥协政策，想用暗杀的手段把这个不晴不雨的局势扭转过来。"[1]

而这还仅仅是开始。

为了挽回颓势，前朝贵族组织"宗社党"，试图做最后一搏。1月24日，莫理循写道："铁良已回到北京，正在策动满人反对袁世凯，看来他会成功而袁世凯不得不离开。实际上，昨天夜里人们做了极大的努力迫使袁世凯辞职并于今天早晨去天津。专列已在前门火车站等了他几天了。不难想象他走后会发生什么事情。"身在帝都，莫理循能够清晰地感受到城中弥漫的恐慌情绪，六天后，他甚至惊讶地发现："在北京这样的城市里，有那么多的中国人在设法购置武器。价格为四十五法郎的勃朗宁左轮手枪在北京卖一百两银子一支。"看来，没有安全感的不仅是身处政治旋涡的袁世凯。

不过，2月2日的《纽约时报》上，却刊登了来自袁世凯军队的警告："昨天袁世凯的军队散发了传单，威胁说如果袁世凯少了一根头发，士兵们会杀掉所有应该为此负责的人。"明枪暗箭，都已经瞄准了这座古老的城市。

没过几天，莫理循就见证了又一场惨烈的暗杀："满洲人当中最好战的良弼去看望袁世凯。良弼离开袁世凯的住所后，驱车前往北城的肃亲王府，然后回到他在西城的家。当他上了台阶走向屋里时，一个身穿禁卫军制服的人跟上去同他讲话。就在他转身的时候，这个人向他投掷了一枚炸弹，正撞在良弼所站的台阶上。炸弹爆炸，炸死了投弹的人，也重伤了良弼的左腿。这事发生在夜里11点钟。良弼用电话召来一向给他看病的河田医生，这位日本医生立即驱车从城的另一端赶来，途中被中国警卫士兵拦住，耽搁了十分钟。如果他们再多耽搁五分钟那就来不及了。事情就是这样，良弼已经奄奄一息，因为没有一个人想到把他的大腿用止血绷带扎紧。人们把他抬到床上，等他从昏迷中醒来时，医生们已经从他的膝关节处锯掉了他的腿。"

这致命的一击，粉碎了前朝皇族最后的信心，他们迅速逃离北京，作鸟兽散。而这场暗杀，也终于让袁世凯彻底大权独揽，清帝逊位，终成定局。

1　陶菊隐:《武夫当国：北洋军阀统治时期史话》，第一卷，第106页。

共和国的隐忧

从南京到北京，从帝国到共和国——这一切很突然。但是北京成为政治中心无疑又是被安排好的。

澳大利亚记者端纳再次从上海赶赴政治中心北京，成为纽约《先驱报》的北京办事处记者，也兼任上海《远东评论》月刊的主笔。他常居北京，每月偶尔回上海发排稿件。

和莫理循一样，端纳也成为新生共和国政府的座上宾。

1912 年 3 月 10 日，端纳所看到的袁大总统就职现场，有秩序，有细节：

所有的与会代表都身穿礼服。

1. 赞礼官宣布就职典礼开始。

2. 袁世凯入场，像鸭子一样摇摇晃晃走向主席台，他体态臃肿且有病容。他身穿元帅服，但领口松开，肥胖的脖子耷拉在领口上，帽子偏大。他神态紧张，表情很不自然。

3. 有人呈上一份大号字体的文件，他紧张地宣读就职誓言——宣誓完毕，他将文件交给趋步向前的蔡廷干。军乐队演奏新国歌。

4. 蔡廷干致欢迎辞。

5. 袁世凯致答谢辞，措辞相当谦逊。

6. 人们排队经过袁世凯面前，对他弯腰致敬。第一批过来的是两个喇嘛。他们先后给袁世凯献上白色和蓝色的哈达；紧跟着的是两名蒙古人（据说是亲王），他们呈上用丝绸包着的画像。

7. 会场秩序井然。

8. 不再有磕头之礼。

袁世凯与所有代表一一握手。

不再有辫子。

没有人穿官服——中国人穿戴一般很简单。

除了美国，没有其他驻华外国使节出席这次就职典礼。按照原计划，就职典礼并不准备邀请任何外交使节参加，但美国可以不理会这套，美国公使馆就派出了美国驻华公使馆一等秘书卫理、汉务参赞丁家立和身穿制服的武

3-9

北京兵变惨景

1912年2月29日晚8时，由曹锟统领的北洋军第三镇在北京朝阳门外的东岳庙发起兵变，劫掠周围商铺，并向城内行进。一开始被劫的只是周围的蔬果摊贩，待到这些军人进城与城内的士兵会合后，更严重的抢劫和骚乱发生了，金银器店、绸缎庄、洋货店等均成为被抢的重灾区。除了这些哗变的军人，还有不少平民趁火打劫，据说甚至有警察参与其中，他们的目标则主要是米店和绸缎庄。这场骚乱自朝阳门始，下半夜蔓延到西城和北城，不仅商户被抢，东四附近的商铺甚至被焚。兵匪还趁夜出京前往天津劫掠，再次造成重大损失。不少近代史学界怀疑这次兵变系袁世凯的政治计算。当时距孙中山宣誓就任中华民国临时大总统不足两个月，为商议共和，孙中山派蔡元培、汪精卫、宋教仁、魏辰组、钮永建等为专使往北京请袁世凯南下。袁氏出于自己利益的考虑，不想离开北京去南京做大总统，因而指使属下曹锟制造兵变，造成京城恐慌，更让因"庚子之变"而心有余悸的驻京各国使团极为紧张，在日本大使的要求下，日军从山海关和南满的驻屯军急调一千多人来京。最后袁氏以京城治安未稳为由拒绝南下。兵变后的北京，约有一周都是凄凉满街，白天之街市如同暗夜。店铺住家天门财尸，街头只有巡逻士兵、站岗的警察与弃置的尸体。此外就是洋人车马往来，间或有外国记者沿途拍照，萧条零落有如死市。

官黎富思。有些外国人出席就职典礼，大部分是记者，而日本人占了大多数。袁世凯看起来很紧张，兵变对他来说是个沉重的打击，也许没有比这个打击更严重的事了……旧的地方部队依旧效忠于他，包括位于畿辅和京城的 2.5 万清军。

警察已经恢复工作，偶尔走过的外国军队起着良好的威慑作用……这是根据中国人的意愿而安排的。

1912 年 2 月 19 日，轰动一时的"泗水事件"爆发。荷属爪哇岛泗水市华侨纷纷走上街头，举行集会，升起五色旗，鸣放爆竹，庆祝中华民国的成立。荷兰殖民当局派军警武力干涉，开枪打死华侨三人，伤十余人，百余人被捕。愤怒的华侨们采取闭门罢市罢工的行动以示抗议，荷兰殖民当局进而出动大批军警强迫开市，又逮捕千余人。

由于南京临时政府尚未被荷兰政府承认，在孙中山的主持下，临时政府外交总长王宠惠于 2 月 21 日致电执掌北京政府大权的袁世凯，怒斥荷兰军警的暴行，痛陈此次外交事件"事关国体民命"，请转驻荷兰中国公使刘镜人与荷兰政府进行正面交涉，"以存国体，而慰侨望"。

南京临时政府最终赢得外交胜利，荷兰政府答应释放所有被捕者，并抚恤被害华侨家属，赔偿华侨财产损失，这个结果鼓舞了一大批华人的信心，"人们因为自己是中国人而骄傲"。但令人匪夷所思的是，同样在 2 月，美国大报《纽约时报》刊文称孙中山是"出生于夏威夷"的"地道的美国人"。

新生的共和国之忧患不仅仅在于国内复辟独裁统治，破坏共和的力量，还因为其从诞生那一刻起就注定生长在西方各国势力、利益集团的虎视眈眈之下。当然，在这些外国力量中，也有热心帮助中国推进民主、共和的"天真的西方记者"。

比如莫理循。

1912 年 8 月，在国内动荡不安的局势下，国外的舆论认为中国将在袁世凯的手上陷入无政府状态，并在袁世凯的内阁总理唐绍仪的离职事件上大做文章。莫理循决定离开北京，前往伦敦去做一番演说。8 月 19 日，莫理循抵达伦敦。他借助自己的关系圈将观点发表在英国的报纸上，极力为袁世凯塑造强有力的领袖形象。在他看来，袁世凯是绝无仅有的"最适合中国的领袖"。他也因此成为袁世凯的长期幕僚。

3-10

袁世凯剪辫戎服照

1912年3月10日下午3时，袁世凯宣誓就任中华民国临时大总统，此照为就职当天他和部分同僚的合影。他穿的仍为前清陆军上将军常服。南方革命党中的激进派，不断在揭发袁世凯"帝制自为"之图谋，而袁则不断澄清，一如他就任之时的宣誓："发扬共和之精神，涤荡专制之瑕秽，谨守宪法。"无论如何声明，袁世凯借着辛亥革命的冲击力，达成了权臣篡位的结果。

由此更加忧虑的不只是孙文和察觉了袁世凯勃勃野心的革命党人，还有若干西方记者和观察家。

1912 年 8 月 12 日，《纽约时报》上刊发长篇报道《中国不是一个真正的共和国，而是一个新的独裁政权》，痛斥袁世凯将要走上慈禧太后及其帝国专断独裁的老路。

与之相比较，人们更看好和尊敬的还是孙文。

《中国革命记》的作者英国记者丁格尔显然没有与孙中山直接接触过，他明白"多年以来，全世界的人都知道孙中山是中国最积极的革命家，多年以来他都是海外革命运动的领袖"，认为孙是"极其能干的新派中国人"，对其充满了敬意。

丁格尔说，孙中山的思想与经历已"人所共知"，无须再多费笔墨。他甚至只在书中选了一张常见的孙中山标准像。

照片上的孙中山气宇轩昂，端正大方，目光炯炯，神态坚毅。《中国革命记》中以较长篇幅引用了孙中山以英文发表在《大陆报》上的一篇自传，认同孙对中国革命必要性的阐述与对中国前途的设想。

只不过一切设想都从 1911 年底开始酝酿，并在 1912 年开始遭遇忧患的暗礁。

丁格尔认为孙中山的回国是众望所归。上海的和谈会议期间，形势紧张，很有必要由一个强有力的人物来稳健地指导革命，"这个强者就是孙逸仙"，大家都盼他归来。而和谈破裂后，孙中山回来了，"人们都从心底里拥护着他，认为他是一个有足够力量在中国建立一个稳定政府的人物"。

1911 年 12 月 25 日，孙中山在万众企盼中到达上海。当时中外报纸纷纷传言孙在英美得到巨款，故记者们团团将孙中山围住，问他带了多少钱回来。孙中山的回答是："予不名一钱也，所带回者革命之精神耳！"

共和国的异见者

对于孙中山倡导的共和政体，人们似乎仍有颇多怀疑。直到 1912 年 7 月 27 日，在对孙中山的采访中，美国《独立杂志》的记者仍在频繁地提出他们的疑问——"共和政体真的适合中国吗？""中国的政党存在党争问题吗？"。当然，他们照旧刊登了孙中山自信满满的回答，尽管他们自己对此或许并不相信——"民主的观念在中国一向颇为流行，没有理由要以君主政体来妨害这种民主观念。中国人民不但爱好和平，遵守秩序，而且也浸染了选择自己的代表管理自己事务的观念。我们所需要做的，只是把这种民主观念付诸实行。我确信没有其他政体再会在中国建立。"

"中国的党、社已经太多了，最好他们能联合成两三个有力的大党。每一政党的明确政策将会随着时间的推移而确定下来。我个人希望所有各方均应集中全力于组织新政府，并获得其他国家的承认。"不过，一些中国人显然并不这样认为。

5 月 25 日，在一艘船上，澳大利亚记者端纳见到了一个神秘的客人。

船抵大连时有若干人上船，一位旅客告诉我说在他们当中有一位达官贵人，事实上是一位阁员。我肯定不是那么一回事，除非是外交总长从俄国回来偶然途经这里。尽管如此，当我打听这位绅士的姓名时——服务员告诉我他姓刘——他走进了沙龙，我也走过去同他说话。我对他说，我听说他是外交总长，所以前来找他。他并没有否认这种含蓄的质疑，当他用法语说他不会讲英语时，我心想或许他就是外交总长，尽管我还在怀疑。我同他攀谈起来，可是当我试图问清他的出生地和当前在哪里工作时，他避而不答。他使我相信他过去当过满洲人的官。当我告诉他我曾经往返旅行到过北京时，他问我是否遇到过张勋。我的肯定答复使他精神振作起来，他

辜鸿铭

向我提出一连串的问题，最后终于转弯抹角地告诉我说他是张的一个赞赏者，希望能见到他。他最大的愿望是发动一次有利于恢复帝制的复辟。他每天都在煞费苦心地琢磨这件事，我告诉他，在轮船上向各色人等公开道出心事近乎疯狂——因为后来他还同其他一些人说过——可是我的话对他不起作用。但是这件事的有趣之处在于，这位绅士后来有一天不得不承认他就是大名鼎鼎的辜鸿铭！

此时清帝已逊位数月，保皇已成时代的笑柄，却仍然有人为此孜孜不倦。辜鸿铭正是一个著例，数年之后，他还在北大的课堂上拖着长辫子公开嘲笑面前的一群激进的学子们：“你们剪掉了头上的辫子，却没能剪掉心中的辫子。”

端纳将辜鸿铭形容为“复辟狂和年幼皇帝的支持者”，而辜鸿铭对张勋的好感，很大程度上与张勋的保皇立场有关。事实上，就在端纳邂逅辜鸿铭十几天以前，另一位记者福来萨也受到过张勋的款待。福来萨的直觉是“张勋是一个性格坚强的人，从他的风度和谈吐上可以看出来。他的部下绝对服从命令而且纪律严明。他每天严格地训练他的军队。他身材矮小、面色灰黄，大概有四五十岁，有着低倾的额头，这让人联想到他是个精力充沛、脾气急躁的人”。不过，福来萨也发现张勋正在扩军：“他说手下有一万四千人。我问到是否会有所增减时，他说正在增加，这证实了当地人士所说他在招兵买马的说法。问他关于钱的问题，他说已经筹足了，但是当地人士非常了解他还未筹足。问到他对局势有什么看法，他说预料要打仗。问他是否会同黄兴打仗，他说这取决于革命党人是否很好地对待皇上。”

尽管张勋说得豪气干云，福来萨却不认为张勋能够有所作为，依靠这个武夫来复辟，或许终将功亏一篑：“我不认为张勋是个政治家，他有一点像一条凶猛的看家狗，如果驱使得当，在需要树立威信的地方一定是一个非常有用的人。他给人的印象是（实际上他也这样说），他把革命党看作敌人。他至少从北京弄到了一些钱。我敢说，除非环境使他不可能继续维持下去，否则他是不会自己下台的。”

在未来的几年间，人们就会发现，福来萨预言中的张勋正在渐渐成形。

日本公使拒绝拜见袁大总统

在中国的外国观察家们大多对革命政府的领袖孙中山并无好感。

让他们最为不满的是，孙中山并没有对清帝的逊位条件提出太多质疑，却突然抛开之前的谈判，提出不能在北京建立临时政府。他甚至说，皇帝应直接向在南京的以他为代表的革命政府移交权力（或者说其实是投降），而不是将权力转交给袁世凯。

孙中山的态度很快引起批评，被认为出尔反尔。而在莫理循看来，孙中山的变卦，应当归咎于日本人："日本人的态度确实让人怀疑。"引起他怀疑的不仅是孙中山身边的一名政治顾问和两名财政顾问都来自日本，还有一些不为人知的细节："袁世凯在北京的两名主要政敌同日本人有密切交往。袁世凯的主要敌人铁良，长期以来同日本人关系密切。1908 年袁世凯倒台时只有日本人高兴，而他的倒台要归因于一个满人社团，铁良是其中最有影响力的成员。现在他又回到北京，在满人中煽动不信任袁世凯的情绪。和铁良一起的有良弼，他也是一个满人，曾在日本八年，被认为是中国军队中受到最高级训练的军官，统率一支禁卫军。"这些评述，把袁世凯放到了日本的对立面上，而孙中山则成为和前清贵族铁良、良弼一样的亲日派。

对于心怀鬼胎的日本，莫理循始终有颇多指责，后来，袁世凯继任临时大总统时，日本使节不肯前往拜见祝贺，连一些大国之间的基本礼节都不再遵循，这让莫理循非常愤怒："从英国公使开始，差不多所有公使都晋谒过大总统。但是有两个引人注目的例外，那就是日本公使和俄国代办。不知伊集院先生是否奉命行动，固执地拒绝去晋谒袁世凯。他是唯一没有去晋谒的公使，而且他也不会改变他反对共和政府的态度。我不明白像他这样的人怎么还能够留在北京担任公使。"日本的这些举动，也愈发加强了莫理循对袁世凯的好感和对孙中山的恶评。

陈旧的袁世凯与
新生的民国

袁世凯的顾问团

袁世凯身边不但集结了一批能各显神通的国内人士，他也雇用了一批知名的外国顾问。这其中最有名的要数莫理循、有贺长雄、古德诺、坂西利八郎和白里索。这些洋师爷，凭借其特殊的地位，亲身经历和参与着民初的那些事儿。

由晚清入民国，袁世凯无疑是最大的政治明星，也是最大的赢家。不过，莫理循也注意到袁世凯所面对的时代实在太过复杂，这让他对这个枭雄抱有更多同情："袁世凯的日子很不好过。他累死了。他患有严重的失眠症，就职以来愈加苍老。他所显示的意志与坚忍不拔的精神不能不令人钦佩。"

无独有偶，美国驻华公使芮恩施同样对袁世凯印象深刻。1913 年 10 月，他写道："他身材矮胖，但脸部表情丰富，举止敏捷。粗脖子，圆脑袋，看起来精力非常充沛。他的两只眼睛长得优雅而明亮，敏锐而灵活，经常带有机警的神情。他锐利地盯着来访的客人，但不显露敌意，而总充满着强烈的兴趣。他的两只眼睛显示他多么敏捷地领悟到谈话的趋向。"这也代表了美国舆论对中国一贯的态度，早在五年前，中国仍被命名为大清国的时候，《纽约时报》的记者托马斯·F. 米拉德就将袁世凯誉为"清国当代最重要的人物"，"改革派人物中的第一人"，"虽然不是清国的改革之父，但他能让改革继续进行下去。袁世凯是清国改革总设计师李鸿章的最佳传人，一直负责推动整个大清国的现代化进程"。进入中华民国之后，这样的判断并没有发生改变，尽管袁世凯的旧身份仍然或多或少地被认为与革命格格不入。

不过，也有一些不同的意见。日本观察家佐原笃介就毫不留情地指出："没有皇帝，袁世凯永远无法治理这个国家。没有皇帝，他就没有了王牌，看看现在闹个什么结果！他的命令，由于他违背了他对皇室的诺言而失去威信、不受尊重。我希望列强能认识到中国没有皇帝是一种严重的事态，在中国建立共和是不可能的事。你亲眼见到了北京及其临近地区发生骚乱的实际状况。远东人民，特别是中国习惯于受专制君主的统治。皇帝在东方像上帝一样，没有皇帝就不可能把人民团结在一起。我要说，中国太可怜了！中国真是一个难以用西方思想去评价的非常别扭的国家！"对于莫理循对袁世凯的赞许，佐原笃介同样不敢苟同："我看不出留住像袁世凯那样一个不得人心的阴谋家，怎能使你产生那样高兴的看法。有一件事是肯定的：中国已经变得比'革命前的中国'更糟。"他甚至对袁世凯做出了更为形象的评价，他说袁世凯更适合做承包商，而不是充当建筑师本身："治国犹如盖屋。像袁世凯或唐绍仪那样的人物，可能是有能力的承包商，但他们根本不是良好的建筑师。中国具有统治人民的优良设计，那是由一些良好的建筑师根据历史经验设计出来的，也就是说，君主政体是极其优美的组织形式。"这是一个有趣的比喻，无疑也道出了中国正面临的严峻现实，大厦将倾，却无人得拄其间，这是此刻中国最大的悲哀。

3-12
袁世凯接见美国公使

1913年5月2日，袁世凯身穿前清陆军上将军常服，在总统府与民国部分官员和美国公使嘉乐恒等人合影。前排左一为孙宝琦，右二为陆征祥；二排左一为荫昌，左二为梁士诒。夹在袁世凯与陆征祥之间者为美国公使嘉乐恒。

（乔治·莫理循摄）

北方派与广东派的分裂

1913 年 1 月 1 日，中华民国开国第二年，日本观察家佐原笃介却兜头泼下一盆冷水。他毫不客气地写道："我对共和制的中国没有信心，因为中国人不论地位高低，就其禀性和气质来说，个个都是小暴君。可是在目前，每个中国人几乎满脑袋都是可以从共和制中得到赐福的想法，而不知道共和制为何物。他们盲目行事，和他们争论也无用。我的看法是，对中国人撒手不管，让他们尝到苦痛，而后会有一个政党出来挽救时局，唤醒并且拯救民众。如果没有这种人物出现，中国将陷入混乱并且永远毁灭。"

毫无疑问，佐原笃介敏锐地察觉到了中国人的劣根性，以及中国人对共和、民主的茫然无知与莫名的渴望，这种情绪很可能引发持续的精神动荡，以及接踵而至的国家动乱。无论是对时局的判断还是对人性的分析，佐原笃介的观点都切中肯綮。但是，处于狂欢中的中国知识分子和民众们，显然不肯承认这些逆耳的忠言。

而这个具有特殊历史意义的一天，自然也注定无法平静。魏易在寄给《泰晤士报》记者莫理循的信中写道："帝国的银行现在完全崩溃了。前行长叶先生现在上海，并且十分可能再为新政府效劳。他突然辞职引起许多猜疑。一些希望他倒霉的人竟然说他从银行金库携带四十万两银子潜逃。但这纯属诬蔑。他是一个革命党人，如此而已。"银行行长携款潜逃，当然不仅仅是一件经济事件，其潜在原因——"革命党人"——无疑暗示着这个国家正面临着陷入南北分裂的危险之中。这种危险渐渐地被外国观察家们捕捉到，他们将此时的中国人划分为"北方人"和"广东人"，庆丕写道："广东人'认真'起来了，极想把北方人收拾掉；有消息说北方人同样急于要干掉南方人。目前袁世凯能够制止所有这些有罪的愚蠢行为。不知道究竟为什么他不告诉皇室他已不再为皇室效力了。如果他的坦率不会使他在一些性急的满人手中送命的话，他至少可以体面地隐退，往日的罪孽也会一笔勾销。"可惜，袁世凯并没有像他希望的那样急流勇退，倘若如此，或许也就不会有被奉为"中国的华盛顿"那样沉重的盛誉，也不会有称帝的闹剧，而袁世凯往日和未来的"罪孽"，或许真的会一笔勾销。

对于中国的未来，《泰晤士报》驻南京记者福来萨同样不感到乐观。这一年的 3 月，他发现，中国不仅陷入南北对立的格局之中，就算是南京临时政府的内部，其权力结构也同样错综复杂，而来自各方面的不满情绪也正在日渐滋长："这里对于广东人极为不满，然而非常隐晦，让你捉摸不到。据说临时政府里尽是广东人，而所有军官都是湖北人和湖南人。"二十多天后，莫理循也提出他的疑问："我自己看不出中国怎能由广东人的政府来治理。唐绍仪开始就弄得很糟，明显的迹象是他要组成一个广东人占优势的内阁，也就是说无论是各部总长还是顾问都要用广东人。这里的报纸上已经在说，广东人的专制主义，比满洲人更坏。"显然，对于革命党组建的政府，以及从内部暴露出来的种种弊端，都让莫理循倍感失望。

不过，对于这种分裂的危机，一些年轻的中国人似乎不以为然。未来活跃在中国科学界和政界的重要人物丁文江，此时刚刚从英国留学归国。在写给莫理循的信中，他认为："关于南方和北方之间意见分歧的大量荒谬之词，特别是说南方军队不信任袁世凯的话已在四处流传。我认为这完全是无稽之谈。南方的政府不但对于袁世凯的人品非常尊重，我的众多身居军事要职的友人，他们全都是支持袁世凯的政策的人。有一天这个国家可能会发现军队（北方的或南方的）对于大总统——这个官衔也许会变成另一种称呼——过于热诚，这是不足为奇的。至少我听到一位高级军官表示说，如果我们希望这个国家统一起来，我们必须使他当上皇帝！"丁文江捕捉到的，其实是一个更加危险的信号，军人们的忠君传统和袁世凯的政治野心，很可能一拍即合。当然，在此刻看来，一切还太过遥远。

3-13

国民代表选举现场

1912年12月，国民代表大会代表的选举正式开始，图片中是北京的一处选举国民代表的场所，为选举而扎的彩楼显现出节日的气氛。

中华民国宪法起草委员会成立撮影纪念

3-14

袁世凯主持起草宪法

1913年7月2日，中华民国宪法起草委员会在袁世凯的主持下成立，此为当时与会代表的留影纪念。会上制定了《中华民国宪法草案》，史称"天坛宪草"，它是袁世凯以集权为目的而导演起草的。

拥有民国天才与多重国籍的孙氏内阁

民国临时政府成立后，一些在西方世界看来比较陌生的人物，开始纷纷登台。西方人意识到，他们需要与之打交道的，不再只是前清贵族和袁世凯，还有南方政府那些踌躇满志的年轻人。

在《泰晤士报》中，莫理循逐一向英国读者们介绍着由孙中山组建的内阁。莫理循认为，主持总统宣誓的汪精卫，"是我所见到的最为可亲的人之一，这位广东人风度翩翩，通晓多种语言，是一个研究日本的学者，近代中国知识界的名人，中国评论界一致推崇的文章能手"。而莫理循最看重的内阁成员，则是外交总长王宠惠，"此人有非凡的语言学造诣，通晓日、英、法、德等外文。他是广东人，但精通官话，总之，是个出色的人物。他是耶鲁大学的民法博士，将德国民法译为英文，在伦敦出版并受到好评"。对于实业总长张謇，他的评价也算中肯："过去组织过大规模的工业和农业开发机构。张謇是个巨富，真正的工业先驱。他正当盛年，大有前途。"而对于司法部总长伍廷芳（他和唐绍仪分别是南北谈判双方的总代表），莫理循的态度则有些复杂，他一面认为，伍廷芳是"对中国刑法法典进行修改并使之人道主义化的人，担任司法部总长，是极好的任命"，另一面又说，"此人是个笨驴，但他的正义感却是中国少有的。他是林肯法律协会律师，出生时是英国臣民"。

对于南派人物，同为《泰晤士报》记者的福来萨却有诸多讽刺："陈其美现在是沪军都督，他的职业是新闻记者，现在成了将军，不久前又当上了商业总长。"至于黄兴，他的评价则更低："像黄兴这样一个人竟统治着大约四分之一的中国，是令人难以想象的。他身躯肥胖，面目呆板，讲话无精打采。不过，他一定很有勇气，否则他就不可能把八个独立的革命派别捏合到一起，并设法保住他自己的高位。"

无论他们的话说得中肯与否，都生动地勾勒出了南方政府里的人物形象和大致情形，褒贬之间暗示着南方权力结构的复杂性，对此时的中国而言，很难说是好事还是坏事。

3-15

孙中山与唐绍仪

1912年3月，孙中山在总统府会见北方议和代表唐绍仪。唐绍仪是第三批30名被选派留美幼童之一，曾于民初任国务总理。25日，唐绍仪到南京接收临时政府，组织新内阁。该内阁中内政、陆军、海军、财政、外交等部均由袁世凯的亲信或其拥护者担任，同盟会只分配到教育、农林、工商等几个点缀性的席位。

3-16

孙中山辞去临时大总统职务

从1912年1月1日宣誓就任中华民国临时大总统，到1912年2月13日，也就是清宣统帝溥仪颁布退位诏书的第二天，孙中山的临时总统生涯完结，尚不足五十日。

孙中山辞职之时提出三个条件，期望以此牵制袁世凯复辟帝制。第一，临时政府地点设在南京，不能更改。第二，新总统亲到南京受任之时，大总统及国务各院乃自行解职。第三，《临时政府约法》为参议院所指定，新总统必须遵守颁布之一切法制章程。

3-17

孙中山向盛宣怀借款

1913年1月初，孙中山因当时国民党财政困难，致函盛宣怀请设法借款渡过难关。盛宣怀复函表示自己已"债台高筑，有欠无存"。此信作于1913年1月，离中华民国成立不过数月，国民党却已面临严重的经济危机。孙中山与盛宣怀关系密切，通过他，孙中山曾向李鸿章提出改良中国的建言。

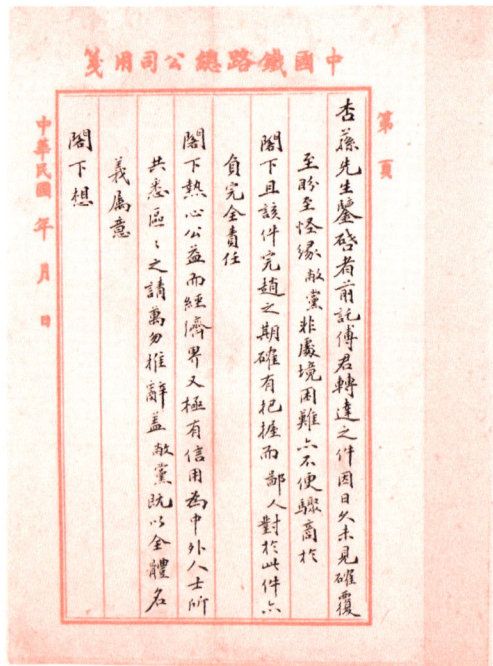

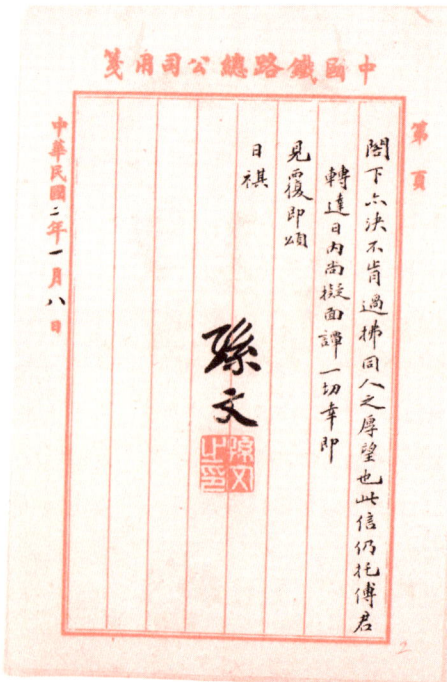

3-18

1912年，孙中山在专列上

1912年8月18日，孙中山应袁世凯之邀，乘"安平"号轮船北上，8月25日，在天津换乘火车进京。之后，袁请孙中山出任中国铁路督办，孙中山表示要"修十万英里铁路"。孙中山一直有一

个"铁路梦"，1912年7月4日，《纽约先驱报》记者澳大利亚人端纳在写给莫理循的一封信中对孙中山的规划也感到不可思议。据端纳说，大概在6月底7月初的某天，他在上海拜访了孙中山。孙中山走进内室拿出一张6英尺

（约1.8米）见方的大地图，并铺在地上向他详细介绍宏伟的铁路计划。端纳说孙中山"手持毛笔和一块墨，不时随心所欲地在各省和各属地的位置上画满了许多线路，线路安排完全凭臆想，丝毫不考虑现实的地理地势"。

3-19

孙中山向日本商会筹款

后排从左至右分别为三井洋行经理藤濑政次郎、戴季陶、正金副理水津弥吉、上海总领事有吉明、大秦洋行主秦长三郎、富士制纸代表某氏、神州大学教授守田藤之助、正金襄理津山英吉，前排左起分别为陈锦涛、黄兴、孙中山、正金大股东町田德之助、正金经理见玉谦次。这是孙中山先生1913年为革命军筹饷，在上海横滨正金银行总部（今中山东路24号）二楼和正金银行董事、主管们的一张合影。孙中山虽然在1911年宣布建立民国，但革命之路仍充满重重阻碍。自武昌首义，孙中山即在美国各地发表演讲，博得外交与经费上的支持。孙中山以筹款为其最大使命，在向西方诸国借款失败后，他将希望转向日本。

3-20

"汉阳造"创始人刘庆恩

刘庆恩从广东水师学堂毕业后，进入汉阳兵工厂实习，后东渡日本学习机械和枪炮制作，后又赴德国克虏伯兵工厂考察。中华民国成立后，由黎元洪委任其为汉阳兵工厂总办。刘庆恩具备兵工专家的许多特质，聪颖、专注、勤奋、严格而有些许高傲，他试制成功中国第一支半自动步枪，乃为著名的"汉阳造"。

3-21

时值20岁的毛泽东

湘乡驻省中学毕业的他，胸中不乏阅历，年纪轻轻就已参加过湖南革命军。当重新思考自己的人生定位时，他认为自己最适合做教师。1913年春，毛泽东考入湖南省立第四师范学校，该校后合并到湖南省立第一师范学校。在"一师"的日子里，面对着妙高峰和滔滔北流的湘江，听着粤汉铁路发出隆隆的轰鸣，一个时代的梦想就在年轻人的心里生根发芽了。

3-22

全副武装的民国士兵

这些士兵拍照时的动作显然经过
了设计。士兵们正在适应自己身
上并不合体的军装与名号，如同
需要适应这个正在急速变化的时
代。短短一年内：皇帝退位，孙
中山当了不足五十天的临时总统，
去年还在镇压武昌起义的清军统
领袁世凯现在成了民国总统。

3-23

乡间的团练武装

这些士兵们赤着上身，明显保留着乡土气。传教士摄影师梅荫华让后面几位拿刀的团丁摆出凶狠的架势。奇怪的是中间那位乡绅模样的人身边是三个小孩子，其中两个身上缠着子弹带。乡绅的任务似乎是拿着一束花，挡住最前面小孩子的裆部。

1912年，紫禁城的南部

从午门向南看去，紫禁城常年无人照看，变得墙倒草长，帝苑衰荒。

3-25

北京东单的美国圣经会

圣经会是专门印刷并发行基督教《圣经》的机构。道光十三年（1833），美国圣经会委托在华传教士印行《圣经》汉语译本。美国圣经会曾在上海创办景林堂，作为中国上海市的一座基督新教卫理公会教堂，蒋介石就曾在上海景林堂受洗。

3-26

在美国的中国女学生

女性留学从社会个案发展成为被政府认可的社会现象始于1913年。中华民国建立之初，民国政府承续了清末的留美政策和"师夷制夷"的思想，继续利用美国退还的庚子赔款派遣学生留美，而女子则可同男子一起竞争官费留美。在女性留学逐渐盛行之时，北洋政府教育将贤妻良母注意纳入女性留美教育之宗旨，限制女子出国留学所学的专业。而后，此种观念逐步被摒弃，女子留学涉及的专业亦扩展到政治、经济、教育和科技各个领域，女性的社会意识在知识的冲击之下不断觉醒与增强。

3-27

就读于福州格致中学的孩子

这所学校是福建最早的教会学校，始建于1847年。

3-26
3-27

3-28

书画家吴昌硕和王一亭

吴昌硕（右）为晚清民国时期文人画大家。王一亭则为上海大实业家与书画家。吴昌硕在60岁以前并不得志。1911年，吴昌硕终于移居上海，开始了他的卖画生涯。当时已是海上风云人物的王一亭对吴昌硕十分推崇，处处力捧他，一路推举吴昌硕成为海派画坛的领军人物，并利用自己在日本广泛的人脉关系，帮吴昌硕的作品在日本打开销路。日本高岛屋自1922年为吴昌硕和王一亭分别举办书画展之后，两人都受到东瀛名门望族、藏家商贾的推崇。1927年，高岛屋在日本举办了王一亭近作展，作品上都题有吴昌硕的画赞，此后"王画吴题"书画便畅行于日本。

3-29

1912年的北京火车站

北京火车站建于光绪二十六年（1900），也即八国联军占领北京时。同年，英国自行将京奉铁路从永定门延长至天安门广场附近的正阳门，并在附近建设车站。英国人此举旨在保证物资供应。1901年11月，京奉铁路永定门至正阳门段的铁路通车。光绪二十九年，车站开始修建（也有说法称车站始建于光绪二十七年，即1901年），光绪三十二年，车站建成后成为京奉铁路的起点。当时法国人还在前门四侧建设了另一座火车站，即京汉铁路正阳门西车站。两座火车站东西相对，正阳门西站渐渐荒废，1958年被拆除。正阳门东站一直兴盛，建筑也留存至今。建成时，它是中国最大的火车站。自建成到1959年停业，一直是北京最大的火车站和重要的交通枢纽。车站建成与致前门地区客流量猛增，拥堵加重，促使时任内务总长兼北京市政督办朱启钤拆除了正阳门箭楼北侧的瓮城。

3-30
1913年，被美国卡车压断
的中国木桥

3-31

一位满族妇女

从1912年起，满族的地位江河日下，从曾经的统治阶级沦为一个少数民族。满汉两族在这个国度共同生活了数百年。虽然他们并未混居，但他们在同样的集市购物，在同样的茶馆喝茶。尽管如此，汉族对满族仍然怀有偏见，视他们为"外满"。照片中的满族妇女如果可以接受汉族的习俗，就可以避免偏见的眼光。但相反，她仍旧穿着满族服装、戴着满族头饰，连去集市也要化妆。也许她的民族风俗正在民族融合的步伐中渐渐消失，但她固守着满族的骄傲，穿戴着民族服装，目空一切地看着摄影机镜头。

3-32

1912年左右的大运河

两个北京郊县的小孩子望着运河
上的运粮船。

3-33

抬着大花轿的男人

在中国传统的婚礼中，家庭是至
高无上的，而国家权威则一度缺
席，从没有国旗、领导人的照片
出现在这一场合。民国政府则想
废除诸如大花轿这种无用的花销，
而建立一种强调国家的婚礼仪式。

3-34
3-35

3-34
1913年，蒙古地区

一位戴着巨大铁链的囚犯，从他小小的囚室中，走到了阳光下。这是一个即将被处决的马匪。他表情麻木，无法看清他的眼睛。

3-35
清末民初的路边小吃

美国记者在甘肃兰州路边摊上拍摄到吃牛肉面的民众。这种古老的面食已成为这个城市民众日常生活的一部分。

3-36
1913年的宋陵

照片是美国探险家兰登·华尔纳（Landon Warner）在河南巩县（今巩义市）的宋陵所拍摄，这个图景在今天已不复存在。

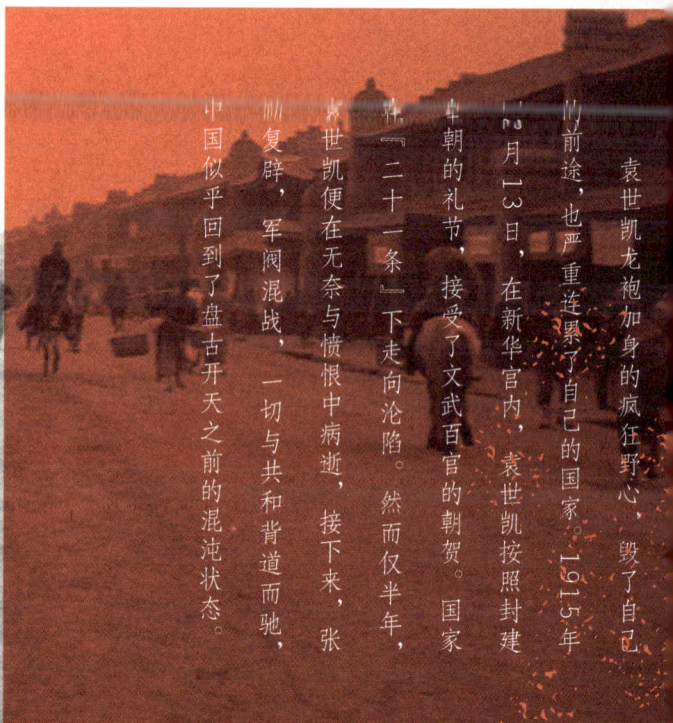

袁世凯龙袍加身的疯狂野心，毁了自己的前途，也严重连累了自己的国家。1915年12月13日，在新华宫内，袁世凯按照封建王朝的礼节，接受了文武百官的朝贺。国家称『二十一条』下走向沦陷。然而仅半年，袁世凯便在无奈与愤恨中病逝，接下来，张勋复辟，军阀混战，一切与共和背道而驰，中国似乎回到了盘古开天之前的混沌状态。

独裁者的共和骗局
新民国已被特权阶层控制
日本国『二十一条』与民国的『新闻自由』
袁世凯的来信

一九一四・一五

希望与虚妄

袁世凯复辟前日，在自己的办公桌前拍下了这张照片

1916年3月，袁不但被迫下台，并且在三个月后因尿毒症不治，卒于举国声讨声之中，时年57岁。曾经担任过袁世凯外交秘书的顾维钧，在他的回忆录里对袁世凯的描述是："坚强、有魄力，谁一见他也会觉得他是个野心勃勃、坚决果断、天生的领袖人物……袁世凯是军人出身，曾任驻朝鲜总理交涉通商事务衙门总办，僚属中也有像唐绍仪先生那样受过新式教育的秘书和顾问，但他完全属于旧派。和顽固的保守派相比，他似乎相当维新，甚至有些自由主义的思想，但对事物的看法则是旧派人物那一套。他以创练新军和任直隶总督知名。他是个实干家，卓越的行政官吏、领袖人物。但不知为何他却不喜欢旅行，从未到过长江以南。他为人精明，长于应付各种人物，但从未想把才能应用在治理国家，使之走上民主化道路这一方面。"

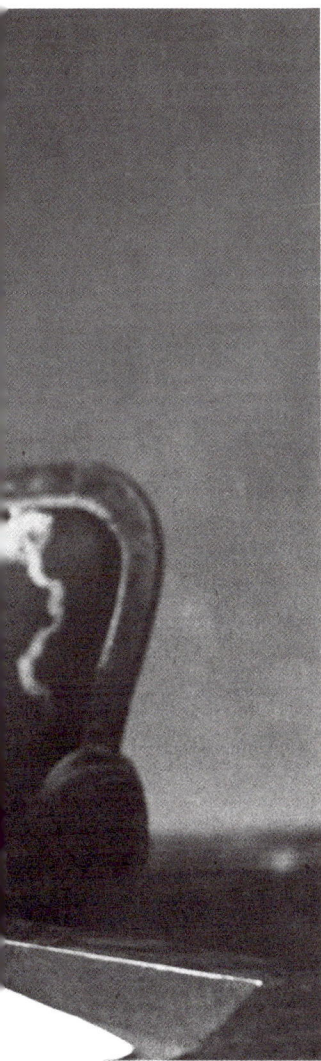

独裁者的共和骗局

1914 年 5 月 1 日，袁世凯宣布废除《临时约法》，颁布《中华民国约法》。这部新的约法，完全符合袁世凯的意愿，"大总统为国家元首，总揽统治权"，大总统可以任期十年，并能连选、连任；副总统则不能继任大总统，责任内阁制和国会更是无法影响总统的权力。袁世凯以法律的名义，将权力牢牢地掌握在自己手中。

三十天后，对这份新约法的评述出现在《纽约时报》上。这篇报道题为《将袁世凯粉饰为一个爱国者》，美国前驻华外交官柔克义（William Woodville Rockhill）刚刚完成了一趟东亚之旅。他抵达北京时，被袁世凯任命为中国政府的民事顾问。他在写给一个朋友的信中，提及新约法的诸多细节，《纽约时报》评论道："这份约法给予总统如此广泛和独裁的权力，以至于'共和'在中国已经只剩下一个名字而已。"

柔克义却并不这样认为，他觉得袁世凯被误解了。他提出，中国的议会被错误地强行灌输革命党的意愿，国家的命运被交付到革命党手中，而袁世凯的目标，则是终结这种不合理的议会，"袁世凯试图维持共和并增强人们对国家的尊重，他解散地方议会也是出于同样的原因"。

他还提出，袁世凯"坚决要建立一个能够运转自如的、受欢迎的并且有代表性的政治制度"，至于解散国民党或者说革命党，则是因为袁世凯"急于承担自己对人民无上的职责，其目的是恢复法律和秩序"。

对于中国日渐恶化的经济形势，柔克义也有涉及："这看起来不可思议，面对当下的困难——纯粹是因为众所周知的并且可以修正的原因而导致的困难——这个富有而勤奋的国家通过努力，未来应该远不会像此刻这般窘迫。为了建造大约 6000 英里的铁路，去年中国已经和外国银行签订了贷款合约。它的关税达到历史最高，超过 1912 年，为 8300 万两。"

4-1

袁世凯称帝标准像

1915年，袁世凯将中南海南岸的宝月楼改为新华门，中南海的大总统府改为新华宫，一场复辟帝制的活动正在筹备。

这也道出了袁世凯正面临的重重危机。即便如此，柔克义对袁世凯依然怀有期望，"相信他的计划的真诚，并将他视为中国唯——个能保卫国家的人，我们相信最终他的所作所为能够证明这一切"。

《纽约时报》的这篇报道看起来只是节录了柔克义的一家之言，报纸本身并未表态，但主标题"粉饰"一词，以及副标题"柔克义说中国的独裁总统是人民的朋友"，其实已说明《纽约时报》的立场。

4-2

袁世凯的北洋新军军官

只效忠于袁氏而非清廷是北洋新
军建制中一个不容忽视的特点。
袁世凯创建北洋新军，在不断的
安插与培植中，党羽日渐壮大，

北洋新军实质上成了袁氏的私人
武装。北洋新军的各级军官均来
自北洋政府自力的军事学堂，高
级军官都由袁世凯的亲信担任。
袁氏所操练的新军，其中灌输的

是封建忠君的思想，更以收义子、
纳门生，甚至是供奉自己的长生
禄位牌来操控军人的思想。北洋
新军视袁世凯为衣食父母，以至
于只知有袁宫保，不知有大清朝。

4-3

中华民国成立后的内阁阁员

从左至右依次为司法总长章宗祥、外交总长陆征祥、农商总长周自齐、内务总长朱启钤、外交部次长曹汝霖。

4-4

莫理循与袁氏智囊团

前排右一是日本著名的宪法专家有贺长雄，前排居中为美国顾问韦罗贝，二排右一为曹汝霖，二排右二为莫理循，长须者为孙宝琦。自袁世凯就任中华民国大总统到1913年上半年，他聘用外国顾问共计22人，莫理循则是政治顾问的首席。当时他的年薪是3500英镑，几乎是《泰晤士报》工资的3倍。

新民国已被
特权阶层控制

1914年，8月9日《纽约时报》的"中国视点"栏目，转载了一篇文章，题为《所有的灾难都搁在袁世凯门前》，这篇文章也或多或少地体现了《纽约时报》对袁世凯和中国时局的态度。

这篇文章开宗明义地写道："毫无疑问，随着共和国的建立，在过去的几个月里，中国的政治形势已经开始了新的局面。"但是，这种新的局面未必是件好事。文章认为，中国进入了一个前所未有的多事之秋，在此之前袁世凯已经表明了他自己所偏好的方向，即减少民众的权利，尽管从前推举他执政的，正是这些热情的民众。

文章历数中华民国第一年所发生的诸多动荡：民国失去了蒙古，西藏也岌岌可危。这或多或少地动摇了中外人士对共和制度的信任，民国因为领土如此轻易地丧失而饱受指责，建立　个具有内在凝聚力的共和国的希望愈显渺茫。这不仅是民国需要面对的问题，甚至是一个世界性的命题，人们据此认为，中国的困境，无疑就是共和政体失败的一个有力的例证。

作者随即笔锋一转，将矛头指向以袁世凯为代表的特权阶层："特别不幸的是，首届国民政府已经被一些特权阶层控制，他们无视中国的真正利益，而只是关心自己的官位，

4‑5

赵秉钧创立了现代警察制度

1902年，袁世凯挑出三千名新军，转交于赵秉钧，进行为期三个月的短期警察训练。随后，他率领这支队伍开进天津城，维护社会秩序，全面负责巡警、消防、户籍、营缮、卫生等诸多公共事务，一扫过去的混乱局面，洋人亦佩服不已。赵秉钧的努力让刚刚在八国联军面前惨败的古老帝国挽回了些许颜面；他所创立的现代警察制度亦开始推广，并展示出强大的生命力。然而，历史并未就此不前。1913年，宋教仁在孙中山的支持下当选为国民党参议员，却在上任之际于上海火车站被刺客枪击殒命。顺藤摸瓜，赵秉钧作为幕后主使者的身份浮现出来。1914年赵于家中遭下毒暗杀，七窍流血而暴卒。

而且个人野心越来越大。政府无时无刻不在进行着阴谋勾当，人们又如何期望他们去保住外蒙呢？"

这篇文章还提到了宋教仁案。关于宋教仁遇刺的原因，一直是一个历史悬案。有人认为是袁世凯或赵秉钧的指使，也有人认为其实是国民党内部所为，陈其美难逃干系。而这篇报道就将矛头指向袁世凯和赵秉钧，认为有诸多证据证明这件谋杀案和他们有关，尽管他们都试图与之撇清关系，但是，一些相关文件还是被印刷出来且公之于世，给这个世界历史上不寻常的阴谋一个可信的解释。

这篇文章看起来就像是业已失势的国民党一厢情愿的窃窃私语，其间当然有一些偏颇，但它也反映出民国初年始终未能克服的动荡局面，内阁总理相继辞职，袁世凯与革命党的矛盾也日渐积累，整个国家的前景变得愈发黯淡。

4-6

反袁总部"军务院"

袁世凯宣布恢复帝制的举动，激起各地强烈反对。滇、桂、粤等省随即在广东肇庆成立对抗北洋政府的军务院。军务院的主干，左起：林虎、李根源、蒋方震、莫荣兴、谭浩明、岑春煊、梁启超、李烈钧、李耀汉、高尔登。

日本国"二十一条"
与民国的"新闻自由"

对袁世凯而言，最大的挑战并不是如何化解来自革命党的攻击，而是如何应对来自日本的压力。1914年1月18日，这个压力达到了顶峰。日本人向中国政府秘密提出"二十一条"，这些骇人听闻的条款让袁世凯辗转反侧，难以安眠。日本人以为，受到威胁的袁世凯一定不敢将这些高度机密的条款透露出去，不料，二十几天后，它们却出现在《泰晤士报》上。一石激起千层浪，日本打算独霸中国的企图让各国政府非常不满，开始纷纷施压。

这些条款是经过袁世凯授意，由蔡廷干透露给莫理循的，希望通过向他求援，以获得西方列强的干预。从某种程度上说，这也是送给莫理循五十三岁的生日礼物。

莫理循深知局势复杂，他并没有直接将这个惊人的头条新闻立刻发布出去，而是选择了一种迂回的方式。2月7日，他把《泰晤士报》驻京记者端纳找来见面，自己却借故要去图书馆，出门前，他整理了一下书桌上的文件，并特意在中间的文件上按了一下。端纳马上心领神会。

借助《泰晤士报》的影响力，"二十一条"很快闹得满城风雨。日本方面要求中国加强新闻审查，外交总长陆征祥却回答："现在已不再是满洲人统治的时代了，中国人已经享

4-7

陆征祥签下"二十一条"替袁世凯背上黑锅

1912年中华民国建立，陆征祥应总统袁世凯之命，由俄返国出任中华民国第一任外交总长，并推动中国现代外交机构之改革。他请林琴南（林纾）写下"不要忘记马关"六个大字，悬挂于总长办公室内，以志不忘《马关条约》之奇耻大辱。而他，也曾遭遇千夫所指，于1915年负责中日谈判，签下"二十一条"，成为人人喊打的过街老鼠。巴黎和会后，陆征祥潜心宗教，成为神父；对签署"二十一条"心感忏悔，亦提出简短而著名之警语："弱国无外交"。

有新闻自由。"

中国人日益高涨的反日热潮很快被西方世界捕捉到。1915年6月10日，《纽约时报》注意到，中国成立了知耻社和救国储金团，旨在募集5000万资金支持民族经济发展，而捐款人则涵盖了社会的各阶层，无论贫富。一周后，《纽约时报》继续写道："非常多的中国人内心里充满耻辱、深重的愤怒，以及精神上的仇恨，这就导致抵制日货运动事实上已经没有必要了，因为人们已经决定尽可能不

4-8

君主立宪派领袖汤化龙

光绪末年进士，自费留学于日本法政大学，学成法律归国，任湖北谘议局筹办处参事，后任议长。1911年10月武昌起义后，及时应变，参与组织湖北军政府，并通电敦促各省谘议局响应革命（一说通电系革命党人借其名所发）。继与胡瑞霖等拟定《都督府组织条例》，又获任政事部长，因争权夺利，在革命党人内引发不满，旋改其为编制部长。汉阳失陷，随黄兴往上海。1912年南京临时政府成立，委以法制局副总裁而辞不就。1913年始，成为袁世凯独裁事业的支持者与鼓吹者。1915年曾反对袁世凯称帝，避居天津。1918年在加拿大维多利亚香花楼中餐馆楼下被孙文系的革命党人王昌枪击暗杀，王昌亦于当日自杀。

再购买日货。"抵制日货运动很快获得成效，一度让日本外贸遭到巨大的打击，1915年上半年，日本对华出口同比下降1790万美元。

美国参议员沙斯伯雷 (Saulsbury) 在出访中日两国时，十分惊讶地发现，中国抵制日货的运动竟然拥有了非常完善的组织。《洛杉矶时报》则注意到，在抵制运动的街头，出现了一些新的标语和口号，例如"中国人用中国货"。这是一个有趣的口号，反日也逐渐为中国民族工业带来了一线生机。

然而，迫于日本的压力，抵制日货的运动仅仅持续了半年，当年7月，北京政府就被迫禁止了这项运动。不过，这些抵制运动被迫取消，不仅与北京政府有关，也是国际形势使然。此时，"一战"已在欧洲蔓延，欧洲各国经济都受到巨大的破坏，它们只能到亚洲市场来寻求供给和帮助，于是，亚洲的经济强国日本就一跃成为最重要的工业供应地。上半年原本受挫严重的日本外贸市场迅速获得来自欧洲的大量订单，日本的出口继续攀升，而"一战"的影响也让中国难以招架，不得不对日本重新打开市场，在政治和经济上，都最终让日本得逞。

4-9

英、日军官在重炮前合影

1914年，日本与德国为争夺青岛以及周围岛屿，在中国山东省进行了一场战争。由于在欧洲战场德国和英国正在进行着第一次世界大战，所以英军和日本结为盟友。日德战争是一场被人遗忘的战争。这场战争的性质和十年前爆发的日俄战争一样，也是一场两个帝国主义国家为争夺在华利益而在中国国土上进行的战争。当时的中国政府再一次实行局外中立，眼看着两个帝国主义怪兽在中国的大地上厮杀。

袁世凯的来信

无论革命党怎样愤恨疾呼，中国还是渐渐获得了政治上的稳定和名义上的合法性。对这个千疮百孔的国家而言，当务之急无疑是休养生息、发展经济。而面对来自日本的威胁，中国也一直在寻求更多的盟友和帮助。对此，袁世凯当然深明于心。

1914 年 9 月 28 日，《纽约时报》刊登了两封书信，标题为《来自中国的示好消息》。报道称：外贸商业代理联盟成员访问中国，并带回了中国总统袁世凯的书信。袁世凯希望他们能够为他的政府提名一位商业顾问，以应对中美两国迅速增长的商贸往来。

第一封信来自袁世凯。他首先表明，寻求商业合作乃是全世界的大势所趋，制造业的重要性更是不言而喻："伴随着不同国家之间更加紧密的商业往来，全世界的经济生活正在进入新的发展阶段。如今，负责生产的农民和负责运输的商人，都依赖于制造业者的工作，来作为他们的支点。"此外，袁世凯也指出，美国制造业的成就有目共睹，"据我所知，贵联盟以鲜明的原则为基础，并为贵国工业的一些特殊分支的发展提供科学知识。美国制造业的进步日新月异。这是一项我乐于效仿并且非常羡慕的工作"。

随即，袁世凯话锋一转，对中国和美国进行了对比："中国和美国一样，幅员辽阔，人口众多，物产丰富。这片大陆上每一个角落的商业都非常繁荣。工业发展拥有非常美好的未来。中国派往贵国去接受教育的留学生们，大多数专注于技术的学习研究。巴拿马运河的开放，形成一条新的贸易航路，成为提升中美两国贸易发展的另一个因素。贵联盟的来访，给了我们一次促进彼此友谊、加深彼此了解的机会。毫无疑问，中国人民和美国人民的合作将会继续加强，并开启世界经济的新阶段，不仅中美两国将从中受益，整个世界的和平也将由此获得长足发展。"

显然，袁世凯希望与美国建立起稳固的商贸联系，这种诉求对双方而言，都是有利的。因此，美国方面立刻给予了热情洋溢的回应，《纽约时报》也刊登了这封回信：

"您在 1914 年 8 月 20 日的来信，已经通过我们联盟的成员阿尔伯特·斯诺登（Albert A. Snowden）转交给我们，您对联盟的高度赞许，是我们极大的荣幸。这慷慨而充满理解的善意措辞，以及阁下对国际合作、进步、繁荣与和平所发出的宝贵声明，将会通过公共媒体立刻传遍整个美国。"双方的相互示好，无疑正是时代的需要。而无论是中国还是美国，很快都会见证这种经济力量的伟岸之处。

4-10

中华总商会访问美国

中华总商会创立于 1900 年（光绪二十六年），其会员以制造商、贸易商和各服务业公司为主，旨在通过互助合作，携手拓展业务。贸易活动在民间，在中外商贸起起伏伏中，民间商会的开拓、修复能力，及时地维护了中外经济交往的持续平衡发展。这张拍摄于 1915 年的合影，是中华总商会访问美国的最为原始的记录。

新女性的代表：
中国第一位女留学生

金雅妹，又名金韵梅，她是近代中国的第一位女留学生，早在 1881 年就留学美国，回国后一边行医，一边进行医学教育。她被视为中国新女性的代表。

1915 年，一位访问美国的中国女性受到了《纽约时报》的关注。她叫金雅妹，又名金韵梅，是近代中国的第一位女留学生，早在 1881 年就留学美国，回国后一边行医，一边进行医学教育。她被视为中国新女性的代表。

通过金雅妹的讲述，美国记者了解到几年前创办的天津北洋女医学堂，金雅妹是那座学堂的堂长（校长）兼总教习。中国之所以会有专门培养女医生的学堂，是因为"中国妇女不愿意接受男医生"。这座学堂致力于培养女医生和护士，她们中的一部分人后来还到美国学习医学。而金雅妹这次访美，将逗留一年，向美国公众介绍她的工作，并访问美国的医院。

金韵梅

对于金雅妹，美国的读者其实并不陌生。《纽约时报》上曾刊登过数篇文章，介绍这位"典型的中国进步女性"，推崇她是"当今世界最杰出的女性之一"。

金雅妹所代表的中国女性身份，无疑也是《纽约时报》的记者热衷追问的话题，希望通过她的见闻与见解，来了解中国女性的处境。

1913 年，金雅妹就在回答《纽约时报》记者的提问时为东方女性辩护道："东方女性含蓄，倾向于自我思考，而西方女性则喜欢在公众面前展示自己。"而对于记者质疑许多中国女性参加革命暴动，金雅妹则提出："她们并非中国妇女参政者的代表，你可以掰着手指数出中国妇女参政者中的好战分子。妇女参政运动在中国声势很大，但你们听到的并不多，因为中国女性在默默地为此理想而努力，暴力方式与中国女性的天性相违背。"她说："中国出现一些愚蠢的好战的女权运动者，原因是她们误解了共和政府的宗旨。革命之后中国出现了社会动荡，压迫了中国人三个世纪的清王朝的倒台使不少人迷惑，共和国建立后，他们的感觉就如同以往被困在牢笼里的小鸟终于获得了自由。他们认为可以用自己的方式去做任何事，其中一些人无视法律和社会秩序。正是在这样一个短暂的对共和制的误解期间，中国少数女权主义者使用了暴力的方式。"

事实上，中国也一直试图提高女性的地位。在 1915 年 11 月 7 日的《纽约时报》上，作者就指出，民国已经在废除妇女裹脚的陋习。扔掉裹脚布的中国女性，正在寻找自己独立行走的方式。而次年的《纽约时报》则刊登了一篇袁世凯在临终前写下的文章："妇女的教育问题，应该被认为是最迫在眉睫的问题，因为这个国家的每个人，都是妇女所生育，妇女是这个国家的母亲。"而天津北洋女医学堂的创办，也足以昭示女性独立地位的提高和这个国家对女性的尊重。

4-11

民国初期的教会女子学校

民国时期的女子教育体现出三个显眼的要素——教室设计上的西式学术标准、众多的中国女孩子在同一个学习环境中，以及教室后方悬挂的耶稣画像以象征传教士的存在。所有这些都明显地突出了中国在那个时期将要发生的变化。在传教士的帮助下，许多中国学校向女子开放。然而，非基督教徒的中国人并不愿意接受外来者强加的教育观念。因为很多家庭担心受过教育的女子会失去贤良淑德的本性，所以女子教育面临的挑战就是让这些传统的强硬派相信接受教育是有益的尝试。尽管如此，传教士坚持倾其努力招收来自社会底层经济困难的女孩子，期盼让中国妇女树立一种全新的尊严。

袁世凯与革命党的矛盾也日渐郁积，整个国家的前景变得愈发黯淡。

4-12

古城西安大街

这座自隋朝以来就建成的大城，

街道宽延，南来北往者络绎不绝。

4-13

1914年的上海黄浦江

黄浦江上的铁船拥挤，上海已成为远东地区最大的贸易港口。

4-14

1914年的西安老城墙

护城河蜿蜒而过，人们在河边浣
衣、玩耍。一棵树远远地望着土
色老城，一队百姓正在进城出城。
六百年的老城墙墙面略有剥蚀，

但看起来仍然坚固。高大的城墙
下，人们如蚂蚁一般，这样的场
景每天都在上演。

4-15

1914年，居庸关

1913年至1915年，美国地质工作者斐德克·克拉普（Frederick G. Clapp）开始游历中国内陆各地。1914年，他与朋友们来到居庸关长城。破败的长城上，几个乡村小孩子拿着玩具与这些洋人合影留念。万里长城对于西洋人仍是一个神秘工程，但他们到来时，这座长城已如旧中国一样，陈旧朽烂。

4-16

1914年，山西晋北

站在高耸的古桥顶上的美国探险者与他的随从。（斐德克·克拉普摄）

4-17

山陕交界处的古城门洞

上面写着"秦晋锁钥"。进出的人们在门洞处相互避让。让美国地质工作者斐德克·克拉普好奇的是，这些古城很大，但门却很小。这个秘密直到他离开中国时才得以知晓：门洞小是为了在打仗时利于防守。

4-18

1914年2月，山西蒲州

黄土深沟里，一位官员与他的卫队正在艰难地行进。有个随从推着在那个年代罕见的独轮车，周围是贫瘠的荒山[（弗兰克·尼古拉斯·迈耶（Frank Nicholas Meye）摄]

4-19

太原晋祠

在晋祠门外盘着一条大龙的柱子下，有两位站岗的士兵。晋祠位于太原市西南25公里的悬瓮山麓，是祭祀西周晋国首任诸侯唐叔虞及其母后邑姜的祠宇。

4-20

1915年和田东干指挥官

新疆和田东干军事指挥官马将军与他的士兵们的合影。驻守在边远地区的马将军的旗帜上有多得数不清的一长串的头衔。他为自己绣了两面与1915年新政府的气象不太相符的大旗。他若有所思地闭着眼睛，身后站着两个挂着大刀的卫兵。

4 - 21

一队手持木枪训练的童子军

随着中华民国的诞生,在1912年2月25日,严家麟于武昌文华书院成立中国第一个童军团,童军运动快速推广至整个中国。1913年,上海华童公学校长康普(Kemp)举办童子军教育会议,会上决定采用中华童子军之名称,并成立上海中华童子军协会以推广童军运动。1915年,第二届远东区运动会在上海举行,运动会期间有多达300名童军成员参与运动会的服务工作,负责维持会场秩序、协助办理场务,同时表演童军操法、救护、旗语、炊事等各项技能。各地人士逐渐认同童军教育的重要性,他们决定组织中华全国童子军协会。

4-22

1914年长沙雅礼学堂

1906年，美国雅礼协会（Yale-China Association）在长沙创立雅礼大学堂。"雅礼"之名出自《论语·述而》"子所雅言，诗书执礼"，同时亦是"Yale"（耶鲁）的音译。雅礼学堂1906年招收了53名拖着长辫子的男生。到1914年开始招收本科生。与其他的传教士创办的大学一样，雅礼学堂亦有诸多外国教员教授英语、西方科技等课程，这是一个世纪以前耶鲁与中国结下的情缘。

4-23
汉口，一堂西医课

他们桌子上摆放着一架显微镜。三个学生很明显刚刚剪掉辫子，有两位头上还披散着刚剪除不久的辫发。这个出英国伦敦会传教士杨格非于1866年在汉口创建的"仁济医院"，是中国华中地区最早的西医院。1906年，中国医生开始参与仁济医院的工作，其中有叶克诚、胡凯新等名医。这所医院是150年后的华中科技大学同济医学院附属协和医院的前身。

戴聞達教授惠存

弟陳煥章敬贈

4-24
康有为的学生陈焕章

1912年陈焕章归国，模仿基督教建制在上海创"孔教会"，任总干事，康有为任会长，名噪一时。是年，陈焕章被聘为袁世凯总统府顾问，与严复、梁启超等联名致书参众两院，请定孔教为国教。他在就职仪式上，将这张着孔服的照片，赠送给荷兰摄影师戴闻达。1915年因反对袁世凯称帝而离京返乡，从此孔教式微。

4-25

孙中山与宋庆龄西式结婚照

1913年，孙中山发动的武装讨袁"二次革命"流产之后，孙亦开始了东渡日本的流亡生活。宋庆龄的父亲宋耀如、大姐宋霭龄亦相伴前往，帮助处理英文事务。时值宋庆龄从美国卫斯理安（Wesleyan）女子学院学成归国，亦前往日本协助孙中山工作。一位是革命之父，一位是思想先进的新女性。在日夜的陪伴与革命热情的熏染下，二人甚为契合，心生爱意。1915年3月，孙中山与分居多年的妻子卢慕贞办理了协议离婚。同年10月25日，孙、宋二人不顾宋家亲友的阻挠，于东京律师和田瑞家举行了婚礼，知友廖仲恺和日本友人田纯三郎前往祝福。十年婚姻，二人以爱侣、同志身份相伴，胜过无数岁月。

4-26

孙中山与宋庆龄中式结婚照 宋庆龄和孙中山的婚事遭到宋耀如等人的极力反对，因为孙比她年长27岁，而且已经还有了一儿两女。只有当时还在美国读书的宋美龄对二姐表示支持。宋庆龄被软禁在上海家中，但她从窗口逃出，随即奔赴日本。孙中山离婚后，两人于1915年10月25日在东京结婚，宋耀如赶到日本，但未能及时阻止婚礼。宋庆龄其后向斯诺回忆说："我父亲到了日本，把孙博士大骂一顿，我父亲想要解除婚约，理由是我尚未成年，又未征得双亲同意。但他未能如愿，于是就和孙博士绝交，并与我脱离父女关系。"

婚后宋庆龄与弟妹合影

1915年，宋庆龄在婚后与自己的弟弟宋子文、妹妹宋美龄合影。居中的宋子文此时还没有走上中国的政治舞台。宋子文的大姐宋霭龄为孔祥熙夫人，二姐宋庆龄为孙中山夫人，三妹宋美龄为蒋介石夫人。三姐妹嫁给当时最显赫的三个政治人物，这在世界上也没有先例，中国四大家族中的前三大家族都是亲戚。

4-28

顾维钧与第二任夫人唐宝玥

顾维钧为中国外交传奇人物。其先后有四位夫人。第一任夫人张润娥为包办婚姻，顾氏并不赞同，最后以仳离收场。第二任夫人唐宝玥（唐绍仪之女）早逝，但这段婚姻却令顾维钧成为民国巨头之婿，又不至于和老丈人荣损与俱。第三任夫人黄蕙兰是印度尼西亚富商千金，精通六门外语，不仅使顾氏多财善舞，还培养了他的时尚品位。然而黄蕙兰有"公主病"，还传出她与狗肉将军张宗昌私通的新闻；这时，顾维钧也和外交部的严幼韵产生感情。故张学良曾爆料说两人在北京"各忙各的"，又说黄蕙兰曾在牌桌上拿起茶杯兜头向丈夫浇下去。顾维钧转职海牙时，结束了这段36年的婚姻，与严幼韵结缡。旅美的顾氏全赖严幼韵照料，甚至学会跳社交舞健身，并以98岁高龄寿终。顾维钧说，这四段婚姻一主命、二主贵、三主富、四主爱，诚然。黄蕙兰晚年留下回忆录《没有不散的筵席》，1993年于百岁生日当天去世。严幼韵于2017年去世，享年112岁。

4-29

民国街头的戒烟酒茶会

1915年1月1日，一家叫作悟真堂第一号的小店，在北京街头举办戒烟酒茶会，作为对新政府新生活运动的响应。民国时期，政府为禁绝鸦片烟毒曾做过很多工作。民初，政府即发议案要求"各省情况不同，应由督抚提交各省谘议局妥慎斟酌办法，作为本省单行规则，一律施行，务以能达禁烟（鸦片）之目的为止"。随后又提出销烟限证管制、烟民登记制度、设立戒烟所等一系列措施。到20世纪20年代，有的省市采取强制手段，对售毒者以违法治罪；民间收缴烟枪烟具，公开予以销毁；吸毒者被强制禁戒。这些措施有力地限制了烟毒的泛滥，禁毒取得了一定成效。在禁毒的号召声中，甚至扩大至禁吸卷烟。

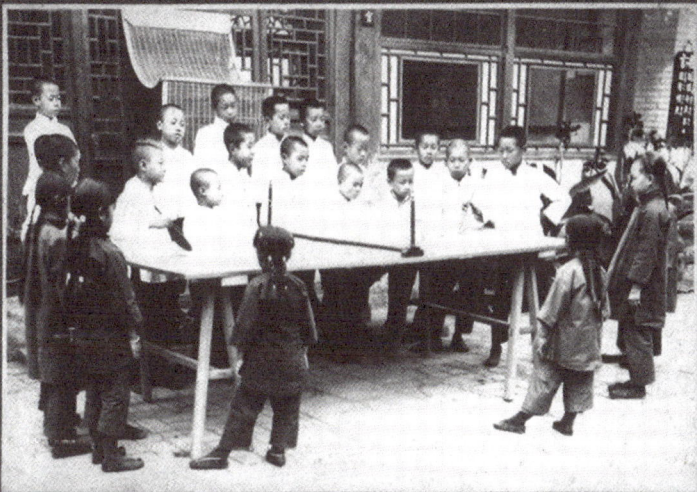

乒乓遊戲攝影

京師公立第二十八國民學校
北京新街口大三條胡同
中華民國

4-30

乒乓球进入中国

1915年，京师公立第二十八国民学校的乒乓球游戏照片，这可能是最早关于中国开展该项运动的影像了。一百多年以来，乒乓球得以传承并发扬光大，最终成为中国的国球。大多数男孩儿已剪去了长辫，留着整洁统一的小寸头。他们专注地凝视着球台，被那颗回旋的小球所吸引，外面的世界再混乱，童年还是那样纯真。第二十八国民学校即现在的北京市西城区新街口大三条小学，一百年间经历了多次更名、易址，在风雨飘摇中保存至今。

4-31

上海，修理排污河

吴淞江，中国上海市区内河段习
称苏州河，河长一百多公里，水
灾频仍。1861年起，机器挖泥
船开始用于吴淞江的河道疏浚。
1914年6月，江南水利局成立
吴淞江水利工程局，开始分段疏
通吴淞江下游区段的河流。治污
排污，在当时的上海已成为文明
的象征。

4-32

广东一个传统富商家庭合影

这个拥有九个孩子的家庭，有八
个女孩子，他们唯一的男丁，打
着一条那个年代少见的领带，站
在男主人与戴眼镜的贵妇中间。
女孩子们着装得体，显示出良好
的教养。

4-33

民国，七口之家的成员合影

引人注目的是男人们头上款式各
异的三顶帽子。（弗兰克·尼古
拉斯·迈耶摄）

4 - 34

纸扎小人和福特车

丧葬制度也与时俱进，民国随葬
的纸扎竟然出现了福特车。

4 - 35

唱戏"童子功"

清末民初小女孩绑着脚学习唱戏。

4-36

陕北高原上，一位麦客端坐在无垠的麦田前

"麦客"是我国地处黄土高原的陕、甘、宁三区特有
的现象，尤其陕西关中居多，已经延续了近百年历
史。每到麦收季节，麦客们就带着一把镰刀和被褥走
出家门，走乡串户，替人收割麦子，以换取微薄的薪
水。现在，这种传统的劳动方式已经很少见了，不过
它却成为一种具有地域代表性的文化。

「一战」结束，北京学生发起「公理战胜」「当仁不让」「MILITARISM MUST GO」的游行。北京大学在天安门前搭台演讲数日，蔡元培发表了题为《黑暗与光明的消长》的演说。他说：「生物进化，恃互助不恃强权。此次大战，德国是强权论代表。协约国互助协商，抵抗德国，是互助论的代表。德国失败了，协约国胜利了，此后人人都信仰互助论，排斥强权论了。」中国想当然将自己视为战胜国，而所谓公理战胜强权只是假象。虚朗的中国在实力上远逊于欧美日。这一场庆祝只不过是为下一轮的利益瓜分奏响的序曲。

谁是中国的摩根
张勋的辫子军与短命的复辟
民国的「闲情逸致」
遥远的「一战」

寻路

一九一六·一七·一八

1916年，各地讨袁大军日起

革命派自二次革命以来反袁运动未曾间断，北洋派两大主将段祺瑞与冯国璋对袁氏称帝也心有不服，立宪派代表梁启超对袁氏乱政亦颇有不满，三股势力合流，展开了声势浩大的反袁运动。袁世凯自登基之日起，从未真正享受过皇帝的万圣无忧。当发现包括北洋派冯国璋在内的五位将军和各省都督联合签署的反袁密电，加之尿毒症发作之折磨，袁世凯终在穷途末路中绝望心冷。

谁是中国的摩根

谁才是真正能够拯救中国的力量？所有人都在企盼，也都在猜测。

1916年6月4日，《纽约时报》刊登了梁士诒的文章《君主立宪制是中国的选择》，由伍廷芳的儿子伍朝枢翻译。《纽约时报》的编辑特地在文章前面写了一段题记，介绍作者梁士诒——这位中国权臣显赫的人生经历，"梁士诒的政治实力体现在他对北京政府的控制上。他能够对当局各个部门的事务施加影响。他巨大的个人影响力及对中国银行业和铁路系统的控制，使得他拥有取之不竭的权力资源"。编辑还说："最近的帝制复辟运动，有人认为是他策划的。在共和制度下，他能拥有更大的权力，但他没这样做，从而史证明他对帝制的拥护。"

梁士诒是光绪年间进士，曾担任翰林院编修。后来在求贤若渴的袁世凯的邀请下，出任北洋书局总办，从此仕途日进，清帝逊位前已经担任邮传部大臣，民国以来由袁世凯总统府秘书长进而出任交通银行总理、财政部次长，成为"交通系"首脑。

在这篇文章中，梁士诒提出，在南方发起的反对袁世凯复辟的叛乱，是有人故意而为之的，绝不能代表国民的意愿。而对于千百年来习惯了忠君思想的中国人而言，只有实行君主立宪制，才能将国家从持续的动荡与危难中解救出来，因为这种动荡不仅是内外交困的时局造成的，也是共和制一手造成的。因此，梁士诒大力倡导恢复帝制，但需要对帝王权力有所约束，实行君主立宪。

《纽约时报》将梁士诒誉为"中国的大脑""王座背后的权臣"，而美国驻华大使芮恩施对他则有一个令美国人更加印象深刻的比喻——"中国摩根"。他早就将梁士诒视为北京政府里仅次于袁世凯的第二号人物，"北京最能干和最有

5-1

梁士诒参加"一战"胜利庆祝典礼

梁士诒，广东三水人，民国以来长期身居要职。"一战"期间，他作为袁世凯的心腹，参与各种机密决策，在政坛纵横捭阖，同时手握财权，有"财神"之号。梁氏虽善弄权术，但目光远大，视野开阔，见解独到，被一些外国观察家称为"中国的马基雅维利"。梁笃信德国寡不敌众，必败无疑，呼吁中国当机立断，主动参战。为促中国直接参战，梁士诒以其商人

之精明、政治家之敏感及外交家之高瞻远瞩，1915年别出心裁提出派遣华工支持协约国的构想，称之为"以工代兵"战略，这在中国尚属首次。"一战"烽火一起，袁世凯下令，凡外交重要事件，"梁士诒参与一切"，因此有"二总统"之称。战事如梁所愿，梁在庆祝典礼上更加自信，昂首挺胸、荣耀满怀。

势力的人"。

　　事实上，这已不是美国人第一次用金融大鳄摩根（John Pierpont Morgan）的名字来比喻中国人。就在一年前，1915 年 6 月 6 日，同样在《纽约时报》上，记者就把采访对象张振勋冠以"中国摩根"之名。当时，张振勋作为中国商会联合会访美代表团团长，前往美国访问旧金山世博会，并率领成员们拜访白宫，与美国总统威尔逊倾谈。《纽约时报》指出这位"中国最富有的金融家"不仅是中国商会联合会访美代表团团长，还兼任民国总统顾问、农商部高级顾问、南洋宣慰使、中国内河港口筹委会高级专员。"中国摩根"之所以引起美国舆论界的兴趣，不仅在于他的官方身份，更在于他带来参加旧金山世博会的展品——他在 1892 年创办的中国第一家葡萄酒厂张裕公司的四款葡萄酒——"可雅白兰地""红玫瑰葡萄酒""琼瑶浆（味美思）"和"雷司令白葡萄酒"竟在这一届世博会上连夺 4 枚金质奖章，这让有着漫长葡萄酒酿造史的欧美国家颇感惊讶，不同于早年在世博会上获奖的那些诸如丝绸、茶叶之类的中国传统手工艺品，这次中国国产品牌用另一种方式证实了自身的创造力。而张振勋面对美国记者的提问也侃侃而谈，他特别指出，中国作为全世界人口最多的国家，正承受着来自日本军国主义的巨大压力，同时，如果美国选择在此时向远东地区加大经济投入和商贸往来的话，将是绝佳的机会。毫无疑问，这都是大洋彼岸的美国政客和商人们所关心的话题。

　　不过，《纽约时报》似乎仍然感到对张振勋的赞誉不够到位，一周后，又刊登了一篇关于他的报道，这次将他形容为"中国的洛克菲勒"。其实，无论是"中国摩根"还是"中国的洛克菲勒"，在动荡的局势面前，都已很难力挽狂澜。

日军首次在郑家屯向中国军队 28 师开火

张振勋呼吁美国关注日本对中国的侵略行径，这种情形正一天天加剧。而袁世凯在诸多方面的阳奉阴违，更是让日本非常恼火，从而加快了日本对中国步步紧逼的节奏。

1916 年 3 月 7 日，日本内阁决议推翻袁世凯，同时默许日本民间向中国南方的讨袁军队提供支持，日本希望借此机会建立起自身在中国无与伦比的地位。与此同时，日本则与俄国签订协议，要求获得中东铁路的部分权益，同时互保远东利益，禁止第三国影响日俄在远东的利益。一切安排妥当后，一场危机转瞬即至。

8 月 13 日，日本人在吉林郑家屯闹事，愤怒的 28 师士兵与日本人发生了冲突，此后，二十多名日本士兵与 28 师士兵开战，双方各有死伤。事后，为避免危机进一步升级，中方前往日本军营致歉，日方要求 28 师立刻撤离，28 师遂到城外驻扎，但事件并未结束。次日，蒙古独立分子巴布扎布前往与日方接洽，接受日方提供的武器。几天后，日本援军陆续赶到郑家屯，并提出："从郑家屯到四平街，不许华人进入，违者格杀不赦。"

事件还是失控了。

《纽约时报》也在密切关注这件事的进展。8 月 17 日，《纽约时报》上刊登的报道写道，事件的原因是为了阻止日本军队向被中国驱逐出蒙古的毒贩非法出售军火，日本军队试图进入蒙古，这个企图被中国官员挫败了。

根据《纽约时报》的统计，在"郑家屯事件"中伤亡的人数是：中国伤亡 50人，日本 15 人受伤，有 10 名日本人被杀。

《纽约时报》指出，日本新任驻华大使已经前往中国外交部讨论解决郑家屯事宜。而值得玩味的则是，俄国驻华大使也向中国外交部提出抗议，认为蒙古委派代表参加中国国会违反了俄中条约的精神。俄国此时的态度，也反映出日本此前安抚俄国的手段已经初见成效。

这场冲突持续了近一个月，9 月 2 日，日本向中国外交总长陈锦涛提出解决"郑家屯事件"的条件，除了严惩参与冲突的 28 师官兵，将所有将领免职，向日军道歉之外，还提出在南满所有地区驻守日本警察，该地必须聘请日本人为军事顾问和军事教授。中国正一步步深陷于日军布下的陷阱，终于难以自拔。

张勋的辫子军与短命的复辟

"一战"正酣，中国内部同样暗潮汹涌。1916 年 6 月 6 日，袁世凯因尿毒症去世。这位旧时代的新改革派，是清国的背叛者，也是民国的缔造者之一。他用五百万两白银做了一笔世界历史上最划算的政治移交生意，用他的话来说就是，如果战端一开，五百万两只不过是战争花费的一小部分。他是帝制的反对者，却最终又成为帝制的最后殉葬者。他是中华民国总统，却又背叛自己，成为中华民国的最初与最后一位皇帝。

这位革命的总统与反动的皇帝，其死亡也是一个谜，早在 3 月 27 日，袁的身体即出现病状，报载"袁病失音，疑系中毒"，6 月 6 日上午 10 时 15 分袁逝世。袁谢世之日，他的书案上有他亲笔书写的一句话："为日本去一大敌，看中国再造共和。"尽管他在遗嘱中说"余之死骸勿付国葬，由袁家自行料理"，继任者黎元洪则以"民国肇建……（袁世凯）奠定大局，苦心擘画，旰夕勤劳，天不假年……所有丧葬典礼……务极优隆，用符国家崇德报功之至意"，命国务院为袁世凯举办一场集古今中外皇庶官民新旧典章于一身的国葬。令全国各官署、军营、军舰、海关于 6 月 27 日下半旗、6 月 28 日出殡日下半旗一日，鸣炮 108 响，京师学校当日停课。

袁世凯去世后，黎元洪继任总统，但他和总理段祺瑞始终不睦，"府院之争"升级。1917 年 5 月 21 日，黎元洪下令免去段祺瑞的职位，段祺瑞愤而出走。黎元洪则向始终宣称忠于清廷的辫子军首领张勋发出邀请，请他率军进京维持秩序。

进京的张勋并没有和黎元洪合作，对于这个始终怀抱复辟梦的将领而言，这正是一次天赐良机，他如愿将废帝溥仪从皇宫中请出，公开复辟。不过，这场短命的复辟很快引起

5-2

袁世凯病逝于北京

1916年6月6日，袁世凯病逝。他的家族一直都存在"活不过花甲"的怪圈，袁世凯生前企图用迷信的方式破解这个怪圈，结果本人依旧没能活过60岁。直到今天，袁世凯的老家河南项城仍流传着一件逸事：当地声望颇高的相命大师称袁不会超过58岁，只有龙袍加身方能化解。袁听后并无他言，只是相命大师之后一命呜呼。很快，袁世凯不顾天下人的反对而称帝，只是仍未能活过命中注定的58岁。

5-3

1916年，袁世凯葬礼

袁世凯病逝后，经过21天的停灵，按计划要运往河南安阳的洹水之滨安葬。袁世凯本是河南项城人，安阳是他1909年被解职之后的隐居之地，因他早年为母亲下葬的事与兄长翻脸，誓不再回项城，因而在安阳（时称彰德）的洹上村为自己选择了一块风水宝地。安阳是平汉铁路重镇，袁的灵柩也就通过铁路运送。彼时

北京的火车站在前门外，丧礼队伍从灵堂所在的怀仁堂出发，行至前门西车站，全程不过两三里，仪仗却也甚隆重。袁世凯身被后人称为窃国大盗，任人口诛笔伐，在世时却总因时势所趋而被推为"非袁不可"的头面人物。他去世时，时局混乱，举国尽是要求他退位的声音，但他终归还是死在大总统的位置上。尽管袁世凯在

遗嘱中说"余之死骸勿付国葬，由袁家自行料理"，北洋政府仍决定为他举行国葬之礼，因而送葬的队伍，正是从只有皇帝可以通行的中华门中间门洞走出来。照片中走在最前面的是军乐队，后面跟着卫队和纸扎的灯笼。有文献说袁的葬礼队伍有清水泼街、黄土垫道，从照片上看似乎并非如此。

5-4

民国大总统黎元洪

黎元洪（1864－1928），字宋卿，湖北武汉黄陂人，清末加入海军，武昌起义后，被选为中华民国副总统。1916年袁世凯去世，翌日黎出任大总统，国务总理段祺瑞不服其独断专行，演化为"府院之争"。这个被书本戏称为"床下都督"的总统先生，其品德之馨，早在天津北洋水师学堂就有口皆碑。其师严复评价他"黎黄陂是德有余而才不足"。

各方面的反对，迅速夭折。

1917年7月11日，《纽约时报》报道了张勋复辟的失败，认为这场失败其实在所难免。报道说，张勋的辫子军在丰台附近被打败，撤回北京，先撤到天坛，后来又进入皇城，但这些战后败将又遭到皇城警察和宪兵的抵制，他们要求张勋离开皇城，否则将不惜动用武力抵抗。《纽约时报》方面也提出，张勋之所以会做这样的选择，是因为他想拿中国最珍贵的古老建筑当作自己的护身符。

张勋一度试图负隅顽抗，拒绝接受外国使节们的建议，拒绝解除武装，但大局已定，这种态度也无济于事。张勋已经处于十面埋伏之中，曹锟的军队扼守着北京城的西路，段祺瑞的军队在东南方，张家口的驻军则守住西北方，此外，还有许多外国军队也加入了这场围城之战。对于这场近乎围剿的战争，作者用一个戏谑的数据对比说明了它的荒诞结局："共和军声称他们击毙了五百个辫子军，还打伤了很多人，但是，根据外国目击者的估计，双方伤亡人数各有十人左右。"

这是一场力量悬殊的战争，媒体也注意到梁启超的意见——共和军方面不会对张勋做出任何妥协，而段祺瑞也颇为自信地提出，这场复辟一天内就会彻底结束。

事实上，梁启超和段祺瑞正是这次反对张勋复辟的急先锋，前者的笔和后者的枪，让溥仪的皇帝梦再度夭折。这次复辟也让民国政府对溥仪彻底失去耐心，《纽约时报》根据美国国务院的一份电报得知，民国政府已经决定把溥仪和满族王爷们驱逐出北京。同时，路透社认为张勋复辟的背后另有玄机，这不单单是中国政局的一次变动，更可能会对整个世界产生微妙的影响。他们将张勋复辟的矛头直指发起"一战"的德国，因为一旦张勋复辟成功，中国就不会与德国断交，这很可能会让"一战"的战局变得更为复杂。

当德国成为众矢之的时，日本则忙着与张勋复辟撇清关系。两天后的《纽约时报》上刊登了来自东京的电报，日本外相石井菊次郎敦促日本政府宣布，日本从来都没有参与过张勋复辟。为了表明自身的清白，日本政府也断然拒绝了张勋要求调停的申请，并把这件事告诉了段祺瑞。石井菊次郎更是宣称，欧洲战事如火如荼，中国的前途更加难料，日本应当团结起来争取战争的最后胜利。

君勤光吴

君志鸿梁 君祥玉冯 君骧作张 君瑞祺段 君祥永卢 君铿宇杨 君元树张

5-5

北洋军阀合影

袁世凯去世后，北洋军阀段祺瑞、张作霖、冯玉祥、卢永祥等在北京丽亚照相馆合影。令人唏嘘的是，这张照片上的许多人，在以后竟成为对手。

5-6

张勋入京调停"府院之争"

1917年5月，"府院之争"爆发。日本表示支持段祺瑞，英国、美国等支持黎元洪、冯国璋。黎元洪将段祺瑞免职，段祺瑞则令属下各省督军宣布独立。黎元洪乃电召安徽督军张勋入京调停。

1917年6月，张勋率五千辫子军北上，密谋复辟，段祺瑞则欲利用他对付黎元洪而支持其入京。张勋的车队正通过公安街，内层的守卫由辫子军担任，外层的守卫则由黎元洪的部队负责。张勋行进的路线上一路都有黄土垫道，堪比当年皇帝出行，所有行人回避，外国人却可以自由通行，正因如此才留下了这张珍贵的历史照片。

5-7

张勋的辫子军

张勋原来是清王朝的江南提督，辛亥革命胜利后，他
败退到徐州一带。为了表示对清王朝的忠心，张勋禁
止所部剪去脑后的辫子，因此被人戏称为"辫子军"。

5-8

北京街头的辫子军骑兵

张勋入京，迅速控制了局面。北
京皇城根下的臣民们这十几年见
多了你方唱罢他登台的游戏，对
于辫子军入城并不感到惊奇。平
淡如常，只是对于突然有了这么
一支留着长辫进京的军队，有些
摸不着头脑而已。

5-9

孙中山声讨张勋

复辟当日，时在上海的孙中山闻讯后极为愤慨，立即发表讨逆宣言。6日，偕同一批同志乘军舰南下，计划到广州组织武力讨伐张勋。全国各地尤其是南方各大省会召开万人大会，各家报纸发表大量文章，一致声讨张勋。

5-10

1917年，讨逆军在街头

张勋把黎元洪赶下台后，段祺瑞便在天津发表讨张的通电和檄文，组织起讨逆军，自任讨逆军总司令，4日在马厂誓师出发，5日正式开战，12日拂晓攻进北京城内。照片中在路边歇息的讨逆军士兵除了身背弹药武器外，每人还带着一把铁锹。旁边道路上还有大批军队正在行进。

5-11

讨逆军士兵正在东安门外

照片中现场一片狼藉，貌似一场战事刚结束不久。此时，张勋坐镇位于南池子的张宅中，而战事从马家堡一直延伸到南池子。

5-9	5-11
5-10	

5-12、5-13

讨逆军围攻皇城

段祺瑞的讨逆军战斗力极强，辫子军一触即溃。在讨逆军
的两路夹攻下，辫子军有的举起白旗投降，有的剪掉辫子
扔掉枪支逃命。此时北京的街道上丢弃的发辫俯拾即是。

5-14

北京，翠花胡同9号院，张勋宅院大门口

门旁挂有"定武军驻京转运总局"的牌子。1914年，袁世凯曾授予张勋为
定武上将军。1915年，张勋将所统领的武卫前军改称定武军。从1917
年7月1日到7月12日，张勋导演的这场复辟闹剧只持续了12天。

5-15

张勋的姨太太和儿子

张勋有一妻十妾，照片中是他其中一位姨太太，怀中抱着她与张勋所生的孩子。

5-16

张勋出逃荷兰使馆

"辫帅"张勋满怀被段祺瑞利用、出卖的怨恨，带着自己的姨太太与最小的儿子、秘书，仓皇逃到荷兰使馆躲藏起来。当日，只做了12天"北京皇帝"的溥仪再次宣布退位。张勋复辟虽然历时仅仅12天，却是中华民国历史上一个极为重要的转折点。这场复辟直接导致段祺瑞的复出和皖系、直系两大军阀的崛起，更将民国以来的两大法统（孙中山和袁世凯）彻底打翻。照片中怀抱孩子的张勋站在荷兰使馆院内，此为张勋最小的儿子。

5-17

复辟后的溥仪在御花园留影

张勋率领辫子军气势汹汹地进入北京城，叫嚣着"奉还大政"，年仅12岁的溥仪被再次推上了龙位宝座，一度冷冷清清的紫禁城一下子又热闹起来。小皇帝的内心热切地期盼着复辟的成功，小太监奉承他说宫里供着的关帝显灵，帮助张勋的军队打仗，连关帝的坐骑赤兔马都跑出汗来了。小皇帝立马跑去一看究竟，甚为欣喜。这种欣喜短暂而深重，并随着落在紫禁城里的三枚炸弹而烟消云散了。

5-18

复辟后，溥仪坐在乾清宫宝座上接受遗老们的拥戴

7月1日凌晨3时左右，于1912年2月12日宣布退位、年仅12岁的溥仪在瑾、瑜两太妃和太保世续、师傅陈宝琛等人的护导下，来到养心殿召见张勋一干人等。张勋见小皇帝坐上了龙椅，便立即甩开马蹄袖，领着众人匍匐在地，向溥仪行三跪九叩首大礼。接着由张勋奏请复辟说："（五年前）隆裕皇太后不忍为了一姓的尊荣，让百姓遭殃，才下诏办了共和，谁知办得民不聊生……共和不合咱的国情，只有皇上复位，万民才能得救……"溥仪按照陈宝琛的指点表示谦让说："我年龄太小，无才无德，当不了如此大任。"张勋立即赞颂："皇上睿圣，天下皆知，过去圣祖皇帝（指康熙）也是冲龄践祚嘛。"溥仪便连忙按照陈宝琛的嘱咐说："既然如此，我就勉为其难吧！"于是，张勋、康有为等人又跪拜在地上，高呼万岁，王士珍等人也只得跪下随口欢呼。京城的大街小巷又都挂起了龙旗，许多清朝遗老又把盘在头上的辫子给放了下来，整个北京城仿佛又梦回清朝。

5-19

溥仪在屋顶上

溥仪出生在扑朔迷离的动乱年代。隆裕太后并未放弃对溥仪的封建君王教育，"帝师"都经过精心的挑选。对溥仪影响颇深的是前礼部侍郎陈宝琛和英国牛津大学毕业的文学硕士庄士敦。庄士敦将富有传奇色彩的欧洲生活方式描摹得如仙境一般，让"囚鸟"天子倾心不已。在庄士敦的影响下，溥仪先取上了洋名"亨利"，不顾遗老遗少和太妃们的阻拦，毅然割掉了长辫，穿上洋装，蹬上皮鞋，骑上自行车，以"洋皇帝"的做派自居。年幼的溥仪经历了登基、逊位、复辟，12天的复辟闹剧在一声炮响中灰飞烟灭，据说溥仪还为他的再次退位伤心地哭了一场。聊居宫中，一草一木，一房一瓦，都成了他亲密的朋友。

民国的"闲情逸致"

在混乱的时局中,也有人在关注中国人由来已久的闲情逸致。1917 年,在《美国国家地理》杂志上,奥立维·拜恩布雷契就将金鱼与鸽哨并置,来寻找中国人"对生活艺术的追求和对美的理解"。

他提出,在西方观念里,中国人"非常理性,并不重视宗教信仰,反而比较关注物质生活,时常为生活中鸡毛蒜皮的小事而忙碌",但是,他也注意到,中国人的日常生活拥有独特的魅力。

中国人养金鱼,为的并不是其实际的用途,而是在于欣赏,在于对美的理解。并且,"中国人养金鱼时做了许多试验,中国人对金鱼的生活习性、体型变化的一百多种形式的研究,几乎都可以证明人类与水生生物的关系非常密切"。

除了金鱼之外,鸟类也在中国人的日常审美生活中占据着重要的位置。作者尤其注意到:"中国人喜爱鸟类,不仅把它们关在笼子里,还经常带着它们外出散步。他们时常把鸟儿放在他们的肩膀上,用线拴着鸟儿的一只脚,当然,这根线比较长,可以为鸟儿留出足够的自由活动的空间。如果遇到阴凉的地方,他们还会停下,把鸟儿放在树枝上,自己则坐在旁边,眯起眼睛来欣赏很长时间。"这种情形无疑让西方人感到非常好奇。

最让作者感兴趣的,是鸽哨。作者写道,"这种哨子是用来驯养鸽子的,很轻,约有几克重","用一种质地精细的细铜丝制成,鸽子在天上飞行时,空气流动会使鸽哨产生振动,发出声音。不同鸽哨的制作方式也不同,所以鸽阵飞行时各种鸽哨的音调也不同,就像一场空中音乐会。天气好的时候,在北京的院落间,如果有鸽阵飞过,就有可能幸运地听到这场宏大优美的空中音乐会"。

不过,中国人对鸽哨的解释,却让作者大跌眼镜。这种解释一点也不诗意,"这些鸽哨的作用是召唤鸽阵集中起来,以免受到凶猛的鸟类的攻击。但是,一只饥饿的老鹰会被鸽哨的声音所'打动',就收敛自己的胃口?这似乎让人难以置信"。不过,不论中国人的解释是否合理,作者还是认为,"从鸽哨中受益最多的,并不是鸽群,而是听众的耳朵。似乎只有耳朵才能最充分地享受风中的音乐,也似乎只有耳朵才能获得那种最直接的快感"。

但中国的闲情逸致,很快就被一个战火纷飞的时代粗暴地搅扰了。

5-20

北京两个玩鹰的男子

以鹰为戏历代都有，有清以来自宫廷渐入民间，玩鹰之风大盛。它多少带有北方游牧民族尚武崇猎的遗风，这是满族人和蒙古人的世代习俗。那时有专以捕鹰为生的鹰户，每年要向宫廷缴纳赋税丁银，如果交鹰，则可将鹰折银抵消赋税。由于皇家对鹰的喜爱和重视，所以王公贵族、八旗子弟也以鹰为戏。清朝末叶，是玩鹰的最盛时期，不但玩，还要"较猎"比赛。少数贵胄子弟，非佳种鹰不玩，从鸟市买来的好鹰，也不愿架出去玩，必须自己在郊区张罗布网，捕捉雏鹰，雇用把式驯养，才觉玩得过瘾。清末民初时，皇宫和王府里被遣散的太监流落到了民间，把宫里的玩法传入民间，更推动了民间养鹰的热情。民国初年，印度的毛皮商人听说北京的鹰手不但善捕好鹰，还善于驯鹰，便到北京来买佳种鹰，用来捕捉水獭，一时鹰价上涨。

遥远的"一战"：中国首次参加"协约国"军向德开战

无论人们是否承认，『一战』都已成为全世界最关注的话题，是否参战，也让中国左右为难。经过漫长的斟酌、斡旋，1917年8月14日，中国决定参加『一战』，与『协约国』并肩作战。

无论人们是否承认，"一战"都已成为全世界最关注的话题，是否参战，也让中国左右为难。经过漫长的斟酌、斡旋，1917年8月14日，中国决定参加"一战"，与"协约国"并肩作战。

参战很快就为中国带来很多实惠。1917年11月9日的《纽约时报》指出，"协约国"同意民国政府推迟五年偿还庚子赔款，而俄国也同意推迟偿还三分之一的款项。

不过，中国究竟应该在"一战"中扮演怎样的角色，中国人却依然举棋不定。1918年，端纳写信给莫理循，希望他能收集一些"关于中国怎样加入战争"的材料，因为中国人众说纷纭，"所有的人，包括梁启超以及一些类似厨师的各色人等都在写文章大谈中国如何介入这场战争，而他们当中谁也说不清这件事的真实内幕"。

1918年10月2日，《纽约时报》刊登了中国驻美公使顾维钧的演讲，他说，中国参战并不是一时兴起，而是经过深思熟虑之后做出的决定。一方面是出于对德国侵华行为的憎恨，他列举了德国一直占据着中国的圣地、孔子的故乡山东，以及德军在1900年对中国人的杀戮；另一方面，他也指出，中国参战绝不是为了复仇，而是在于，

顾维钧

目睹德国对比利时、法国以及中立国发起的战争，已经足以证明，德国已经拒绝接受人类道德和法律的约束，一旦德国真的得逞，赢得战争，整个人类的前景都会非常黯淡。因此，顾维钧说，"这场战争已经不再是欧洲的政治斗争，而是维护人类的神圣的道德准则的战争"。并且，他宣称中国将始终与美国站在同一战线上，中国和美国早已达成共识，"参战不是为了给本国谋求私利，也不要求物质方面的报酬"。

除了来自美国的示好，尤其是威尔逊总统的承诺，另外一个信号也让中国人对未来充满幻想，这个信号来自日本，作为"协约国"的成员国之一，日本承诺，会将德国在华权利归还给中国，中国无疑对此抱有极大的幻想。

日本也在或多或少地表达着自己的诚意。八个月前，2 月 11 日的《纽约时报》上就刊登过一则从日本贷款购买的第一批军火运到秦皇岛的消息，清单中包括 645 支机枪、324 门野战山炮、5 万支步枪和 500 万发子弹。

不过，这种示好并不能掩盖日本的野心。同样在半年前，1918 年 4 月 28 日的《纽约时报》还刊登过另一则报道，引用陈友仁担任主编的《上海时报》创刊号上发表的声明，"中国政府已经同意日本提出的新的要求""这远比日本在 1915 年提出的'二十一条'更加可怕"。日本对中国领土的觊觎，以及此刻虚伪的谎言，将在一年后引发更大的危机，并间接促成中国的现代化转型。

15万中国劳工在欧洲战场奋战

为了对"协约国"有所贡献，中国首先派出的是十几万劳工。他们前赴后继奔赴欧洲，迅速出现在兵工厂、农场，也在前线协助挖战壕。他们的出现，引起了国际社会的关注。

1917 年 2 月 25 日，《纽约时报》报道了这些劳工的命运。每周都有至少一千名中国劳工从天津出发，被运到法国的兵工厂或者农场劳作。这个数量与从印度支那前往法国的人数相当。根据合同，能够被选中的劳工会获得双倍薪水，在中国的英国工厂里工作，他们的日薪是 12.5 美分，而到了法国，日薪会提高到 20—25 美分，翻番的报酬让前往法国的船始终人满为患。

合同里还有一些非常奇特的条款：如果劳工们不幸死在法国，合同承诺会将他们的遗体运回中国。值得注意的是，对于死亡，合同里也有诸多非常明确的细节规定，比如一定会为死者穿上一件新衣服，一定会在遗体旁留一些米饭、烧鹅、猪肉之类的食物，一定会举行烧纸钱、纸房子和纸轿子之类的丧葬礼仪。大约只有如此，才能迎合中国人"视死如视生"的传统观念。

这些条件看起来还不错，但劳工们实际的遭遇却要悲惨很多。他们其实是像货物一样被运到欧洲的，每个人在船上占据的空间，还不如一个白人的坟墓大。

但中国劳工很快获得了欧洲人的赞许。这篇报道指出，中国劳工非常勤劳，并且愿意接受长时间的工作，对个人生活的要求却不高。在一些不苛求技术的行业里，比如制造弹药的工厂，3 个中国劳工就能抵得上 2 个欧洲工人，而他们的报酬则有天壤之别。至于在农业生产这些领域，他们的表现甚至比欧洲人更突出。

这些劳工似乎也顺利地融入欧洲社会，他们还在船上时就会向来自欧洲的工头们学习一些在生活和工作中会用到的基本外语，到了欧洲，他们很快就

中国劳工表演传统戏剧

1918年6月，几名劳工表演传统戏曲，以娱乐其他劳工和部分英军士兵。可以看到英国与中国观众被一道铁丝网分开。战争结束后，大多数劳工都被分批遣返回国，仅有5000至7000人留在了法国，成为日后巴黎华裔社区的前身。

不再需要翻译。这种适应能力无疑让西方世界倍感惊异。这篇报道甚至还预言，在这些欧洲国家，很可能会重演当年美国旧金山的一幕——不用等到战争结束，中国劳工们就可能在法国甚至整个欧洲定居下来，成为重要的移民力量。虽然他们一直秉承着安土重迁的传统，但是异域的生活还是会吸引他们留下，等到生活稳定下来，他们会返回中国娶妻生子，并把他们都带过来，而下一代中国年轻人身上的东方特质会渐渐消退。

西方世界关注的，不仅是中国劳工，还有中国丰富的资源。半年多以后，10 月 14 日的《纽约时报》的记者加德纳·哈定（Gardner L. Harding）继续指出，除了劳工，中国完全可以为"一战"发挥更大的作用。在工业方面，可以发掘中国的煤矿资源，把这些深埋在地下的宝藏应用于战争，"协约国"需要与中国展开这方面的合作。而根据专家的调查研究，只要"协约国"愿意提供帮助，中国的铁矿石产量就能翻番，如果能再给予一些资金和技术支持，翻四倍也不在话下。中国的农业生产能力更是令西方人为之侧目，中国的粮食储备，完全能解决"协约国"面临的粮食补给问题，中国的小麦和东北大豆都可以源源不断地提供给"协约国"的士兵们，只要他们肯接受这些食物。尽管连年的灾荒让中国政府一直在限制粮食出口，但是，肉类、蔬菜、小麦、副食品的非法出口始终都没有断绝。作者进一步指出，中国无论在农业还是工业上，都拥有无限的潜力，这些潜力很可能被这场战争激发出来，中国和西方都能从中获益。这或许是这场大战中结出的意想不到的果实。

谁才是真正能够拯救
中国的力量？
所有人都在期盼，也都在猜测。

5-22

1917 年春季的北京

甘博记录到的一次突如其来的沙尘暴。远处的沙尘正在扑
向几个扛着工具的民工。整张照片上似乎蒙上了一层厚纱。

5-23

河北定县学生反日游行

1917年至1918年，段祺瑞政府与日本签订了一系列公开和秘密的借款，日方经办人是日本内阁首相寺内正毅之挚友西原龟三，因而得名"西原借款"。段祺瑞任内阁总理后，为实现其"武力统一"之野心，以出卖国家主权，大量向日本借款为手段，把东北之筑路权、采伐权和采矿权等一系列主权出卖给日本，为日后日本大举侵犯东北埋下隐患。英文《京报》（Peking Gazette）报道段祺瑞向日本借款一万万元，两千万请日人整理兵工厂，八千万请日本军官练兵。寺内正毅曾得意地说，通过向中国放贷，日本所攫取的政治、经济特权"何止十倍于'二十一条'"。此消息一经披露，举国哗然。次日该报主编陈友仁（Eugene Chen）被逮捕，四个月后才被释放。照片为1917年，河北定县学生进行的反日游行。学生们臂戴黑纱，手执白旗，口号声震天响。

5-24

基督教青年会学生游行

1918年11月14日，游行学生举着"公理战胜""当仁不让""MILITARISM MUST GO"等标语经过长安街、东单一带，支持者甚众。北京大学在天安门前搭台演讲数日，蔡元培发表了题为"黑暗与光明的消长"的演说。他说："现在世界大战争的结果，协约国占了胜利，定要把国际上一切不平等的黑暗主义都消灭了，用光明主义来代替。""生物进化，恃互助不恃强权。此次大战，德国是强权论代表。协约国互助协商，抵抗德国，是互助论的代表。德国失败了，协约国胜利了，此后人人都信仰互助论，排斥强权论了。""世界的大势，已到这个程度，我们不能逃在这个世界以外，自然随大势而趋了。我希望国内持强权论的，崇拜武断主义的，好弄阴谋、执着偏见，想用一派势力统治全国的，都快快抛弃了这种黑暗主义，向光明方面去呵！"中国想当然地将自己视为战胜国，而所谓公理战胜强权只是假象。虚弱的中国在实力上远逊于欧、美、日。这一场庆祝只不过是为下一轮的利益瓜分奏响的序曲。

5·25

太和门的五色旗

1918年11月11日，德国投降，标志着协约国一方在第一次世界大战中战胜同盟国一方。中国政府和人民迎来了一次情感的释放，北洋政府亦暂且搁置激烈的内部矛盾，决定在11月14日至16日及28日至30日举行庆祝活动。晨色熹微中，广场刚从昨夜苏醒过来，只有少数的人为这最后的欢庆时刻而准备着。两面巨大的五色旗悬挂在太和门前，沉静着，一如广场的气氛。五色旗的红、黄、蓝、白、黑五色在晨光下闪耀着绸缎般的光辉，这一天，是这五彩的一天。

5-26、5-27

大总统徐世昌登太和门致辞

1918年11月28日，大总统徐世昌在"庆祝第一次世界大战胜利"大会上致辞，向各国公使致意，声称"公理战胜强权"。大总统徐世昌身着绅士礼服，不过旁边的官员都穿着军礼服，有着高耸的大礼服帽，表明这是一个阅兵的场合。

5-28

太和殿前接受检阅的士兵

1918年11月28日，国民政府特开大会庆祝一战胜利，在故宫太和殿举行盛大的中外军队阅兵式，并鸣礼炮108响。战胜的消息传入中国，国人开始了以胜者自居的幻觉。他们仿佛想通过这次庆典，在国际社会上重新树立起大国的形象。

5-29

皇城里的满族妇女出现在会场

1918年11月28日，满族妇女也因传来的胜利喜讯而走出紫禁城，走上街道，观看这难得的热闹景观，毕竟从清帝逊位的那一天起，皇宫里只留下逐渐落寞的气氛，冷冷清清，日复一日也不知过了多少时间。

5-30

坐在大鼎边的老人

老人佝偻着背靠着巨大的香炉歇息。为了参加盛大的仪式，老人翻出了箱底的华美行头，戴上精致小帽，蹬上绣花鞋子，还不忘点缀些许珠宝首饰。她斜睨着周遭事物，眼镜矮矮地架在鼻梁上，口里的香烟徐徐冒着青烟，历经沧桑的她，深埋在心底的那一抹不安与忧伤，始终萦绕在心头。站在她旁边的则是女仆，身着布衣，为主人拿着一个暖手的炭炉。

上海萬國商團中華隊職稱第十八屆射擊特等人員攝影

5-31

中华义勇射击队

19世纪末，公共租界万国商团在武进路河南路口设靶场。清光绪二十六年（1900），组织万国赛枪会，按英国比赛方法和规则比赛。光绪三十一年，靶场移址北四川路底（今鲁迅公园），每年举行一次年赛、数次杯赛。1917年，华人组成中华义勇军射击队，参加万国赛枪会比赛位居第七名。

5-32

陕西新军部队

这支部队虽然身高参差不齐，但都配备了精良的德国毛瑟枪。

5-33

川新军运输队的两名护卫

摄影师甘博在四川遂宁遇到这两位士兵，他们显然还没有学会面对镜头，显得有些腼腆和紧张。

5-31	5-33
5-32	

5-34

庆亲王奕劻

奕劻（1838－1917），满洲镶蓝旗人，爱新觉罗氏，乾隆帝第十七子永璘之孙。光绪十年（1884）任总理各国事务大臣、封庆郡王，十七年迁总理海军事务大臣，二十年晋封庆亲王，三十年任军机大臣。奕劻被认为是导致清国灭亡的罪臣之一，清帝逊位之后，清朝的孤臣孽子大多迁居青岛，以示远离政治，不食周粟。七旬老亲王奕劻则独居天津，与宗室遗老往来无多。1917年，这个清室授封的最后一个铁帽子王奕劻死在天津，时年七十九。溥仪在亲贵的极力反对之下，才将原本定为"谬、丑、幽、厉"的谥号改为了"密"，意为"追悔前过"。

5-35

1917年，阎锡山

1916年7月，阎锡山改任山西督军，一面排挤打击异己，使省长孙发绪和沈铭昌难以处事，相继离职；一面贿请内务总长汤化龙为其说项，又称段祺瑞为师，遂得于1917年9月兼任省长。从此，山西的军政大权集于阎锡山一身。阎锡山响应段祺瑞马厂誓师的号召，曾出兵反对张勋复辟。

5-36

外交总长伍廷芳

袁世凯去世之后，伍廷芳出任段祺瑞内阁的外交总长。1917年黎、段发生"府院之争"，伍廷芳反对加入协约国，并提交一纸辞职信，段祺瑞被黎元洪解除职务后，伍廷芳一度出任代理国务总理。后来黎元洪迫于张勋的压力，要伍签署解散国会的命令，伍看破张勋解散国会以复辟帝制的险恶用心，认为此举乃践踏国家约法，强奸民意，因而坚决反对，毅然表示"欲我副署，先取我头去"。伍廷芳对北洋政府彻底失望，认为救中国的真正希望在南方组织护法运动的孙文先生。旋即应孙中山的号召，南下广州，出任护法军政府的外交部部长。

5-37

徐世昌就任总统合影

这张照片是在1918年10月10日，徐世昌完成就任总统仪式后与众官员的合影。前排中白胡子者即徐世昌，前排左六为朱深，左七为国务总理钱能训，左九为外交总长陆征祥，左十为曹汝霖，左十一为海军总长刘冠雄，左十二为傅增湘。

徐世昌（1855—1939），字卜五，号菊人。直隶天津县人。早年随父亲到河南当塾师，因得与袁世凯订交。在袁的资助下，徐赴北京应试，于光绪十二年（1886）中进士，授职翰林院编修。袁世凯小站练兵时，延徐为总文案，后来步步提拔他做到首任巡警部尚书和第一任东三省总督。西太后去世，袁奉旨养疴，归隐洹上，而徐虽为袁党，却在宣统时代仍为红极一时的汉人大官。辛亥年袁世凯东山再起，徐亦为从中奔走最力之人。袁洪宪称帝前把徐从青岛召入北京，任国务卿。袁死后，徐归隐天津。

徐世昌是民国史上的第五任大总统。民国虽换了五任总统，可是国人却从没有机会看到新旧总统的交接典礼。

孙中山先生是在南京交卸临时大总统，袁世凯则在北京就任临时大总统；黎元洪在袁世凯称帝失败气死后，以副总统继任大总统；黎遭张勋辫子军驱逐下台后，冯国璋以副总统升任临时大总统。袁、黎的总统都不曾到交卸日期，徐世昌被选为总统后，他便郑重地问礼于内务总长钱能训，以行交接大礼。

民国史上第一次总统交接仪式于1918年10月10日上午举行，徐世昌乘汽车进公府（中南海），礼官导徐至怀仁堂礼台。9时整，临时大总统冯国璋由居仁堂到怀仁堂，与徐同向国旗行三鞠躬礼。礼毕，冯东向致颂词，徐西向致答词，词毕互相一鞠躬，礼官送冯回居仁堂，冯即迁出公府。10时整，徐在居仁堂南向，向议长及议员宣读誓词，词毕转北向，与议长议员同向国旗三鞠躬，礼毕议长议员转东向，阁员及文武百官西向，徐立于礼台宣读就职宣言。读毕，各行三鞠躬礼庆贺，完成了仪式。

5-38

二次革命失败后的孙中山

1916年7月20日，孙中山在《在沪金星公司等欢送两院议员会上的演说》中提出："我国制定宪法之初，则尚可乘机采用，且此之所谓三权者，如立法、司法、行政三权固可弗论，其他二权，各国之所无者，我国昔已有之。其一为御史弹劾，即皇帝亦莫能干涉之者；其二为考试，即尽人之所崇拜者也。"他仍在四处奔波，推销共和。

莫老夫人

冯国璋

Feng Kuo-chang

Ying Kuo-chang
President of the
Republic of China —

5-39

1917年，冯国璋戎装照

7月14日，段祺瑞返回北京，重新担任国务总理，掌握了政府实权。段政府礼仪性地去迎接黎元洪重新担任总统，但黎元洪回到家里通电全国引咎辞职。住在南京的副总统冯国璋被请到北京代行大总统职务。段祺瑞政府虽然做了一下表面文章，对张勋发了通缉令，但因张勋手里捏着他和督军团同意复辟的把柄，所以一直没有采取行动。冯国璋的权位高峰仅持续了一年多，两年后的寒冬腊月病死在帽儿胡同的冯宅。

5-40

毛泽东师范学校毕业

1918年3月，湖南省立第一师范学校第八班毕业合影，四排右二为毛泽东。

5-41

孙文就任陆海军大元帅照

1917年，孙在广州召开非常国会，组织中华民国军政府，被推举为大元帅，开展护法运动。1919年，孙中山改组中华革命党为中国国民党，担任总理。

5-42

蒋介石戎装照

1918年，蒋中正奉命任援闽粤军总司令部作战科主任，拟定第一期、第二期作战计划书，并于漳州战斗中亲加督战。同年夏天，他辞职返回上海，不久又奉命赴闽就任粤军第二支队司令。

5-43

上海复旦大学的中式门楼

复旦大学创建于1905年，原名复旦公学，是中国第一所由国人通过民间集资、自主创办的高等学校。由于不满法国教会对震旦学院的干涉，创校人马相伯率学校中国师生复课，由于右任提议，从《尚书大传·虞夏传》"日月光华，旦复旦兮"中撷取"复旦"二字命名，改校名为"复旦公学"，示意不忘"震旦"之旧，更含恢复中华、兴学救国之意。1917年，复旦公学改为私立复旦大学，创办大学本科。近代著名教育家李登辉为复旦大学首任校长。私立复旦大学下设文、理、商三科，并保留了复旦公学原有的大学预科和中学部。

民國五年留日女子美術學校全體攝影

5-44

留日女子美术学校学生合影

清末国人在日学习美术者，女性远多于男性。日本私立女子美术学校（私立女子美术大学之前身）为当时日本接收中国女生最多的学校，在该校留学的中国女性计61人左右，其著名者有何香凝等人。而留日女生多集中在私立学校，主要是受清廷于1905年9月诏令停止科举之影响——或伴其丈夫，或随其父兄而同往日本。

5-45

培华女中时期的林徽因

照片中右一为时年12岁的林徽因。北京培华女中是当时教会创办的贵族学校，能与之齐名的只有另一所贝满女子中学。培华女中的校服款式是这样的：中式上衣配西式百褶裙，既有东方的简约之美，又和西方时尚相得益彰，摩登时髦中亦有娟秀清丽。当时的中国正是风雨如晦的时代，不太平的年月也只有如林徽因般家境显赫的少数少女才有机会穿着这样的校服，许多贫困百姓还过着食不果腹、衣不蔽体的生活。

5-46

1918年，金陵女子大学的生物实验室

这是中国第一所女子大学，于1913年由美国教会美北长老会、美以美会、监理会、美北浸礼会和基督会选定南京为校址所在地所创办。金陵女大共有16个四年级学科，包括中文、英语、历史、社会、音乐、体育、化学、生物、家政以及医学专科等，在国内外享有盛誉。从1919年到1951年，毕业人数为999人，报称"999朵玫瑰"。

5-47

1918年，杭州灵隐寺

三位僧人行走在高台上，中间的僧人头
戴黑包头，前面的僧人回头望向照相机。
他们在喧哗动荡时代，似乎仍然勉力延
续这座古寺的历史和传统，对于世间烟
火，没有嗅到一丝丝味道。

5-48
胡适

1917年的中国还处于军阀混战的局面之中，救国之路漫长而曲折。眼界开阔的知识分子，渴望通过自己的努力改变现有的社会状态，开辟一条通往光明的道路。是年1月1日，胡适在《新青年》上发表文章，主张破除旧的文学规范，创造一种全新的文学面貌。但路在何方，却没有明亮的灯塔所指引。

5-49
北大校长蔡元培

1917年1月9日，蔡元培发表就任北京大学校长的演说，对学生提出三点要求：一曰抱定宗旨，二曰砥砺德行，三曰敬爱师长，将"抱定宗旨"置于首位。在蔡元培任职北大校长之前，北大由于继承"老爷"式学堂的传统，加之受袁世凯帝制复辟政治气氛的熏染，校内民主思想受到压抑，学生求官心切，学术空气单薄，封建文化泛滥。蔡元培锐意改革，采取"学诣"为第一之原则，不论国籍、资格、年龄、思想倾向而选拔有教学热心与真才实学之教师，像胡适、刘半农等被聘为教授时年仅二十六七岁。

5 - 50

南京大学杂志员工合影

1917年至1918年，在新文化运动的高潮期，中国科学社迁回国内，主要以南京高等师范学校与东南大学（两校为南京大学前身）为依托，成为新文化运动中最主要的科学阵营。"五四运动"之后，中国学术界俨然分为"新派"与"传统派"两种意见，两派之间显然交集甚少，他们在新文化运动、古史辨运动、新史学运动中，一直处于相对立的位置。所谓"新派"大抵指北方的整理国故运动，"传统派"则系以南京高等师范学校师生为主体的学者们。南高有著名的史地学派，因《史地学报》而得名。他们反对新文化运动中表现出来的浮夸与偏颇，将史地之学视为实学，主张成立全国性的学术团体共同进行史地研究，主张改革中小学史地教学等。南高顿成南方学术重镇，一度与北大新文化派相抗衡。

5-51

齐鲁大学教师张先生一家

1840年鸦片战争中国战败，外国人获得在华兴办教育的权力。随后，之江大学、燕京大学等一批教会大学陆续建立。对于中国高等教育的发展，教会大学做出了不可磨灭的贡献。齐鲁大学（Cheeloo University）正式校名为山东基督教共和大学，为1904年至1952年在中国山东存在的一所教会大学，由来自美国、英国以及加拿大的14个基督教教会组织联合开办。鼎盛时号称"华北第一学府"，与燕京大学齐名，有"南齐北燕"之称。大陆许多知名学者如老舍先生、历史学家顾颉刚、墨学大师栾调甫、戏剧学家马彦祥等纷纷到此执教。齐鲁大学是当年外国人在中国创办的13所教会大学之一，在1952年的院校大调整中被撤销，原校址今为山东大学趵突泉校区。

5 - 52

一位传教士在为儿童看病

神父的角色在中国有时候必须得
是一个医生。除了救治心灵之外，
还得救治身体。当然，许多传教
者依靠在国内学到的基本医疗知
识，成为与当地百姓交流的最好
的通道，并得到民众的信任。

5-53

1917年，北京的盲人学堂

此时由外国人举办的盲人学堂全部照搬西式教育方式，在北京成立了多所学校。

5-54

北京孤儿院

1917—1919年，甘博拍摄的北京孤儿院中的看护和孩子。

5-55

孤儿院的孩子组成的乐队

这个孤儿院早期由北京基督教青年会资助。鼓号手们身后着西装者为他们的乐队老师。据称，这支乐队还曾接待过前来视察的蔡元培。

5 - 54
5 - 55

5-56

北京基督教青年会的休息室

基督教青年会的会所楼房静静地
矗立在东单大街3号，是一座红
砖砌筑的小楼，取欧洲文艺复兴
时期建筑风格及近代建筑之精华。
在这座西式楼房中，青年们在这
里对弈、看报、击打桌球，气氛
轻松而融洽。这应该是中国第一
张表现打桌球的照片，可以看到
照片右侧还有一张乒乓球台。

5-57

1917 年的北京颐和园

这座世界上无可匹敌的皇家园林，从乾隆开始经过了
好几任皇帝的修缮，成为中国园林的代表。这里有着
庞大的水系，可以在清国的首都里坐船巡游。

5-58

1916年天安门前的金水桥

金水桥上马车轻驰，从端门而来，散漫的游人随意游玩。桥外路边等待拉客的黄包车有序地排列着。十周岁的清逊帝溥仪，此时还住在天安门后面的皇宫之内。天安门，明朝时叫承天门，清顺治年间改称天安门。清吴长元《宸垣识略》记载说，"凡颁诏，设金凤朵云于天安门上，堞口正中宣诏，官朝服，领者老咸集，行礼奉诏，承朵云由金凤衔下"云云，可知天安门是皇帝诏书颁于天下之所在。

5-59

重庆万县附近的一座古桥

古老的危桥横跨在激流之上，如同乱世之上的国家躯壳。1916年，风云变，乱世起。此后一纪之内，24次改组内阁，26任总理，政府首脑九次更迭。

5-60

1916年的北京火车站

车站自建成之日，见证了太多发生在身边的暗杀、爆炸事件以及各色民国重要人物的轮番登场。

5-61

1917年，秦皇岛火车站站台

每个出行的民众都要接受军警的搜身。当时国人与驻北京之洋人，去北戴河度假，均需乘火车从秦皇岛下车。

5-62

1917年，天津大水灾

天津水灾发生于是年9月，眼看入秋，天气转冷。美国红十字会适时捐助援建了临时屋，此举使灾民得以顺利过冬。

5-63
北京城内的道路洒水

这是北京城当时清洁卫生倡议行动的一幕，据称是要平息把整个城市搅得尘土满天的夏季沙尘暴，并防止有可能出现的疫情。北京的街道大部分都是坑洼遍地的土路，风起尘至，在这座城市里待着的外国人，在他们的书信中，大都讲述了北京糟糕的沙尘天气以及下雨后泥泞的路面。

5-64
1918年的东四牌楼门楼

在明代，人们习惯于在十字路口四面各建一座四柱三门三楼式的木牌楼，这座牌楼因位居皇城之东，故称东四牌楼，简称东四。牌楼在1912年兵变时被焚，重建后的牌楼，被制成明信片，展示着它的繁华。直到1954年牌楼被彻底拆除，繁华旧梦就此留于照片之上。

5-65
北京冬天早晨的猪市

清末民初，北京有两个生意兴隆的猪市，一个是东四牌楼猪市，另一个就是西四牌楼猪市。而照片中的猪市就位于西四牌楼附近。

5-64
5-65

5-66

1917年，北京一位戴着清代官帽的老人，骑着一匹瘦弱的驴子，走在已是民国的街道上

整个国家处在从清入民国的过渡时期，大部分民众的上半截身子似乎还在清代，脚却已在前途未知的民国了。

5-67

北京街头的洋马车

计程收费的出租车最早出现在外
侨颇多的北方冰城哈尔滨，短期
之内这种新潮的出行方式亦传播
到了北京地区。马匹拉着四轮车
厢叮叮当当沿街而过，车内乘客
还可欣赏沿途风光，俨然成为北
京一景，无怪深受民众的喜爱。

5-68

民国初年上海外滩码头

这是一张表现外滩码头繁华的市
民生活的照片，长江上有火轮船，
也有中国帆船，一片繁忙的景象。

5-69

苦力拉着黄包车驶过外滩

这种起源于19世纪后期日本的人力车，有着两个胶轮，被中国人称为东洋车。1874年，一位叫梅纳的法国商人从日本来到上海，征得租界同意，试图把人力车引进中国以图获利。东洋车自此进入上海，当年就有近千辆人力车在营业。1913年上海租界规定公共人力车必须漆成黄色，后者遂得名"黄包车"。次年，仅租界就有近万辆黄包车行驶在上海。

5-70

北京，监狱里的少年犯

这些犯罪的孩子们正在进行晨操训练。这座监狱座落在北京德胜门外功德林，名叫"京师第二监狱"，是梁启超任司法总长时所建。它作为北京施行的现代监狱教育的一个样板，正在向来访的外国记者展示。这张珍贵的照片由西德尼·甘博所摄。

5-71

北京街头的西式冰激凌

这种老式冰激凌的做法据说就是将存起来的冰块，放在大桶内加盐，冰中间放马口铁桶，铁盖上有孔，一根轴上下贯通，四周有叶片，轴上有平齿轮，摇把上有竖齿轮，两齿轮相交，一摇手柄，轴即带动叶片旋转，铁桶内放淀粉浆、鸡蛋、牛奶、白糖、香料及果汁，旋转30分钟左右，桶中的混合物便凝结为冰激凌了。

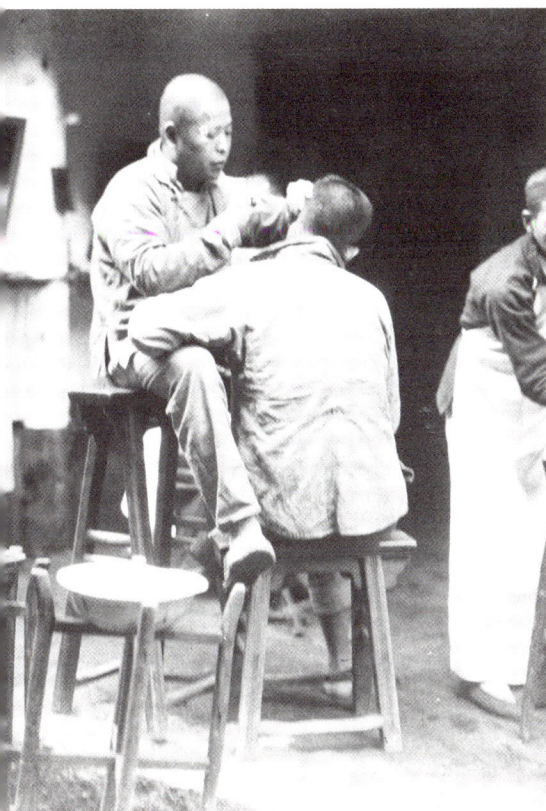

5 72

重庆茶馆里的采耳

重庆的大小茶馆里满布着采耳师，采耳师们的袋子里，装着数十种掏耳工具，如耳扒子、鹅毛棒、镊子、震子、马尾、刮耳刀、耳起、棉花棒等。掏耳被中国人称为民俗七十二行中的一技。文献中甚至认为民间三大快活是采耳、捏脚、洗澡。耳朵神经系统敏感，能在酥痒、紧张、刺激的体验中得到最大的享受和放松，重庆人将其称为"小舒服"。

5-73

民国时期，北京

一个推着自制儿童车的北京男子，嘴里还叼着烟袋。

5-74

雕梁画栋的老匠人

这是个古老的职业。许多家庭甚至几代人以此为生。他们技艺惊人，有着令人钦佩的耐心。

5-75

1917年的北京老弓匠

在现代化的枪支出现后，这个古老的行业就开始凋零，即使在当时，会做弓的手艺人也已不多见。

5-76

黎元洪阅兵

1916年10月10日,时值中华民国成立五周年,新上任的大总统决定隆重庆祝一番。自1912年正式改为民国纪元以来,双十节因种种问题而无法举行,利用此次阅兵,黎元洪耀武扬威地展示了军事实力。阅兵开始,黎元洪一身戎装与一众官员骑马从演武厅前往检阅现场,然后陆军、骑兵、炮兵、工兵和机关枪营方阵分别接受检阅。

5-77

1916年,天津车站

奉系军阀张作霖的部队在月台上。

5-78
中俄边境上的中国军队

1918年，沙俄陷入动乱，国民政府国务会议决定，由陆军部会同奉天、吉林两省，抽调陆军进驻图们江，保边护侨。2月16日，国务会议又决定，由吉林督军调兵绥远，保护伯力华侨。但考虑到出兵入俄将引发复杂的国际问题，军队不得越境行动，主要目的就是保证撤侨通道的安全与畅通。随着局面的恶化，国民政府甚至派遣"海容"号巡洋舰远赴海参崴执行撤侨工作。

5-79
1918年，东北边镇海拉尔

一群北洋政府的辫子军与着清国衣帽的蒙古官员，其乐融融。清国虽亡数年，蒙古诸多地区仍保留着清朝的装束。所谓乱世乱穿衣，这种民国、清国混着的装束，是民国初年此地政治生态的真实写照。

5-80
赛金花与魏斯炅的结婚合影

晚清名妓赛金花，一生三次嫁作人妇，又三番沦入烟花，是中国历史上最具传奇色彩的一个女人。从现存的一些老照片来看，赛金花本人似乎并没有什么倾国之容，却在义和团运动期间与德人相交后留下的各种真假难辨的传说。这使这个女人在历史的书册中显得越发神秘。

整个世界的一体化正在形成，联动反应将遥远的两个国家紧紧地联系在一起。在美国，因为男人们流行改穿丝绸制的衣服，于是在山东威海，所有的蚕都必须夜以继日地工作。而如果美国女人们开始热衷于新的配饰，那么中国的女人们就必须到教会学校里学习它的制作工艺。中国人这样孜孜不倦，只是为了能在餐桌上增加一个荤菜。

国联：是筹码还是赌注

中国在公开的阴谋中受辱

愤怒的学生们创造的中国时间

孔子的后人

逆流

一九一九

北京各校的罢课活动正在进行，各项抗议活动亦紧张地开展

原定于5月7日在天安门举行的"国耻纪念会"被当局强行禁止，9日，清华校园内普降半旗，各处电线杆都张贴着"勿忘二十一条！""还我青岛！"的标语，默默地配合着学生振聋发聩的控诉。全体同学在体育馆举行了"国耻纪念会"，会上决议通电巴黎和会的中国代表，要求拒绝签字。同学们手握双拳，庄严地宣誓："口血未干，丹诚难泯，言犹在耳，忠岂忘心。中华民国八年五月九日，清华学校学生，从今以后，愿牺牲生命以保护中华民国人民、土地、主权。此誓。"宣誓声回荡在体育馆里，回荡在清华园中，并随着会后焚烧日货的火焰，袅袅升上空中。这些夹杂着血泪、耻辱与愤怒的口号，通过电波，传到了欧陆巴黎的谈判桌上。

国联：是筹码还是赌注

1919 年，"一战"已经结束，《纽约时报》率先刊载了《凡尔赛和约》的全文，这篇独家报道令全世界的媒体为之侧目，更令全世界的人们百感交集。

《凡尔赛和约》也曾令中国人充满期待。当年莫理循反复游说中国参加"一战"，理由之一就是中国可以在战后享有部分权益，而"一战"结束后，梁启超马上赶往欧洲进行外交斡旋，也是为了能通过外交手段抢先为中国争取一些权益。美国总统威尔逊的承诺，更让中国满怀幻想。

中国人曾将希望寄托在美国总统威尔逊身上，1919 年 1 月 7 日的《纽约时报》就清晰地表明了这一点："中国将接受威尔逊总统的计划，加入国联。总统徐世昌已经给远在巴黎的威尔逊总统发电报说，中国政府完全赞成美国的提议。"

《纽约时报》还刊登了徐世昌发出的这封电报的细节："你提出组建国联从而维持大小国家之间的公正与长久和平的想法，意义重大。"

这份长篇报道认为，中国正在试图寻求强有力的保护，而徐世昌的电报则意味着，美国的地位已经获得中国的充分认可，"中国期待着列强可以联合起来解决远东的贫弱和危机，这些状况在过去只得到了部分的解决，而从今日的和平视野来看则日益紧迫"。

这篇报道的作者刚刚穿越西伯利亚前往北京进行了一次长途旅行，他发现，与自己聊天的每一个中国人，都对这次和谈以及国联的作用抱有希望，认为这是让全世界联合起来解决东方问题的一个机会，如果这些问题得以解决，将保障中国、日本、西伯利亚（即俄国）和菲律宾的和平。

文章还对中国将在巴黎和会上扮演的角色做出了预估："在巴黎和会上，中国将扮演一个谦逊和独立的角色。中国一直是一个伟大的民族，只是因为革命引发了内战，从而导致

6-1

伍德罗·威尔逊总统

一战期间，对许多中国人而言，威尔逊俨然是中国的救星。蒋廷黻甚至宣称，他曾"相信威尔逊总统所说的每一句话。"然而在巴黎和会上，威尔逊却最终放弃了中国。

一时的贫弱。中国的政治家们拥有远见，并且正在试图解决和平问题，因此，当这些要点在巴黎被提出时，中国会作为一个独立的国家表达出她的观点和理想。"

在此之前，《伦敦时报》刊登了一篇来自东京的报道：中国和日本已经达成协议，将在巴黎和会上共同进退。这篇报道其实并非空穴来风，因为中国代表团的一箱文件在运往巴黎途中经过日本，随即遗失了；而代表团前往巴黎时又特地取道日本，难免不让人产生联想。路透社的《太平洋电讯》也报道说：中国总代表在东京和日本外务大臣内田康哉围绕胶州问题密谈两小时。这些消息一时令中国的舆论界为之哗然。不过，中国的官员在一次谈话中，却首先否认了这一点。"事实是，当陆征祥外长前往欧洲时，他因病取道东京做短暂停留。他在那里只逗留了一天，见到了日本外长。这次拜访只是出于国际礼节的考虑，并没有政治含义，也没有进行任何形式的谈判。"

这位作者获得的信息还包括，虽然中国政府还没有形成任何明确的政策，但是内阁正在设法解决所有的问题，包括对胶州的意见，一旦做出决定后，参加巴黎和会的中国代表就会获得命令。而中国需要迈出的第一步，就是响应威尔逊的号召，完全支持国联。而中国的政治家和中国人民最大的希望，就是他们的意见能被完全并且坦诚地倾听。

6-2

坍圮的长城

从敌楼的门洞向外探望，古旧的长城，墙已坍塌，岌岌可危，如同此时的中国，是这边墙倒、那方屋漏。从1918年"一战"以协约国告胜以来，中国就开始幻想鸦片战争以来的寒冬将要过去，在"公理战胜强权"的时代，巴黎和会将还给中国一个公道。巴黎和会决定将德国在华权益全数转移给日本，这场胜利的分赃会迅速把国人的幻想击得粉碎。

中国在公开的阴谋中受辱：
德国将山东转让给日本

起初，美国总统威尔逊并没有辜负中国人的期望。《纽约时报》的这篇报道发表的次日，威尔逊就在巴黎提出"十四点主张"，包括废除秘密签订外交条约、尊重殖民地人民的公意、德国在欧洲强占的土地应退回等。然而，无论威尔逊怎样调停斡旋，时局仍然向着不利于中国的方向发展。

参加巴黎和会的中国代表团无疑获得了各国的关注，但更多是出于不解和嘲讽。负责荷兰撤军事宜的卜禄士曾担任过中国政府警务顾问，他在 1919 年 3 月 3 日的记录恰恰说明了当时中国的窘迫："阿迪斯说中国派遣一个庞大的代表团前往巴黎。他认为这很像中国一贯的作风，但除此之外，他不明白中国为什么这样办。考虑到中国既非五大强国之一，甚至也不在次要的十个强国之列，是个无足轻重的国家，却派出一个人数在二百以上的大代表团，这似乎显得特别。"

不过，卜禄士却也低估了局势的严峻，"美国像它所久已应当做的，正在加强它的陆军和海军。日本最终必须就范，它敢再使用极端方法恫吓北京吗？"吊诡的是，日本真的这样做了，而威尔逊终究也未能拯救中国。德国在山东的权益被转交给日本，"五四运动"就此爆发。战争的胜利并没有为中国带来期待中的和平与复兴，反倒将这个满目疮痍的国家继续抛入深渊。

美国驻华大使芮恩施在得知中国的利益被出卖后，满怀愤懑，他写道："世界上可能没有任何地方像中国这样对美国的领导抱有如此大的希望。中国人信任美国，信任威尔逊总统时常宣布过的原则，他的话语传播到中国最远的地方。正因为如此，那些控制巴黎和会的老头们的决定，使中国人民有着更强烈的失望。我一想到中国人将如何接受这摧残他们对国际平等的希望的打击，就感到深深的沮丧。"

同时，芮恩施也注意到在华美国人的普遍心态："在华的美国人，像英国人和中国人一样，在这不安的几个星期里，都深深地感到沮丧。自从美国参战以来，大家就有了胜利的信心，相信所有的牺牲和痛苦，都会使战后国际活动建立起正义的原则。在这种原则之下，人类可以生活得更幸福和更安全。

6-3

德国人离开青岛

"一战"期间，青岛在120年建城史上发生了为数不多的兵燹战火，交战的双方是意欲争夺青岛殖民权的德国和日本。交战的德日双方的兵力几乎是一比十，战争结果让青岛历史由德占时期翻入日占时期。两个帝国主义国家在中国领土上的厮杀，使青岛成为第一次世界大战期间唯一的亚洲战场。与此同时，千里之外的上海，同样的剧情也在上演。1919年4月，德国人离开上海。中国搬运工把他们的行李运到码头。德国在第一次世界大战中失败后，在华权利也被转让给日本。

现在所有的希望却都粉碎了。"

5月9日，另一位亲华派莫理循同样愤愤地写道："威尔逊总统完全愚弄了中国人。他为了收买日本人，让日本不再对于国际联盟没有为民族平等做出文字规定的事提出反对，同日本做了一笔交易。他答应支持日本对中国提出的全部要求，以换取日本不再坚持其在国际联盟提出的民族平等主张，结果是使日本在中国所得远远超出它的预期。总统现在正在对中国人恬颜无耻，使他们相信他一直是支持中国的，劳合·乔治先生和法国人极为反对，以致他为了保全宝贵的国际联盟，不得不做出让步。"

两周后，《泰晤士报》针对时局做出了更为深刻的评价："和平条约把德国从中国夺去的所有不义之权全部无条件地、毫无报偿地交给日本。这意味着，当普鲁士主义在世界上所有地方都必须铲除的时候，美国和它的盟友却为了日本利益决定使普鲁士主义永久地在中国存在下去。"

6-4

曹汝霖

"五四运动"中被打倒的三名卖国贼，曹汝霖是位阶最高的，所谓的火烧赵家楼，烧的就是曹汝霖的宅子。"五四"之后，"卖国贼"曹汝霖心灰意冷，决意退出政坛，隐居在青岛，反思自己的过错，积极做慈善。日本进占华北，他也没有为日本人做一件事，1966年病死于美国底特律。值得一提的是，当年在火烧赵家楼中的一位叫梅思平的年轻人，在抗日战争中，却投靠了汪伪政权，和日本人签订了出卖国家利益的条约，抗战胜利后被作为汉奸枪决。历史就是这样充满吊诡，令人唏嘘。

"五月四日"：
愤怒的学生们创造的中国时间

《凡尔赛和约》彻底激怒了中国人，"五四运动"爆发了。不过，这场在中国引起轩然大波甚至即将影响中国时代进程的巨大变故，却在五天以后才出现在《纽约时报》上。即便如此，这也已是西方世界对"五四运动"最早的报道了。

这篇报道的姗姗来迟，缘于北京政府对消息的封锁，"今天国务院得知，与中国北京的通讯电线已被切断。只收到芮恩施公使的一则无线电报，新闻界的报道得到证实，由于在巴黎进行的关于山东问题的决议引发愤怒，首都北京发生了动乱"。报道同时指出，中国警察在面对学生的冲击时，表现出相当的宽容与冷静，只不过，由于上级再三下令要求严办，为了交差，他们才被迫拘捕学生。

更多的细节，来自芮恩施，他面对《基督教科学箴言报》的记者侃侃而谈，他说，学生们最初非常自觉，他们才是"运动中的警察"，他们负责监督商店和商贩，破坏日本的广告牌，他们把没收的各类日本商品摆在一起，激发人们的爱国热情。不过，运动还是很快就升级了，各个阶层开始加入。这一切，都被芮恩施视为中国正在觉醒的征兆。

其实，就在"五四"当天，外出的芮恩施躲过了一次"严峻的考验"，"一群学生在使馆门口出现，宣称要见我，那天我正好去门头沟的寺庙旅行，所以没有见到他们。后来事实证明，他们的游行示威，是展开学生运动的第一步，这个学生运动创造了历史。那天上午，因为事先得到巴黎对山东问题决定的暗示，他们爱国的热忱达到了沸点"。芮恩施还说到中国人对美国所抱有的幻想："在北京，沮丧的中国人民把希望都集中在巴黎，当北京得到巴黎可能接受日本要求的暗示时，学生们第一个冲动是要去见美国公使，去问他这消息是否属实，并且要看他有什么可说，我逃掉了一次严峻的考验。"

此时身在中国巡回演讲的杜威，6月20日给女儿写信，澄清了自己对"五四运动"的观感："我发现我上次把学生们的第一次示威活动比作大学生们的起哄闹事，这是有欠公允的。整个示威游行经过了周密的计划，并且比预计

6-5
新文化运动的旗手胡适

1919年1月15日，中国迎来了两位陌生人：德先生和赛先生。这两位来自西洋的"先生"成为中国启蒙运动最深入人心的形象，甚至是新文明理想的代名词。最先为国人引介两位先生的是陈独秀，而胡适对德、赛两位先生的热情并不亚于陈独秀。1917年，胡适通过哲学博士学位的最后考试，回中国任北京大学教授，参加编辑《新青年》，并发表《文学改良刍议》，同年，胡适回安徽省绩溪县与江冬秀结婚。1919年，胡适接办《每周评论》，发表《多研究些问题，少谈些主义》。

的还要提早结束，原因是有一个政党不久也要游行示威。他们的运动如果在同一个时候，会被误认为是被政党利用。他们要以学生身份独立采取行动，要使我们国家十四岁多的孩子，领导人们展开一场大清扫的政治改革运动，并且使得商人和各界人士感到惭愧而来加入，那可是难以想象的。这实在是一个了不起的国家。"

四天后，杜威进一步发现了这股学生运动力量的骇人之处，他在《新共和》（The New Republic）杂志上撰文，题为《学生反抗在中国》（"The Student Revolt in China"），"很多事实证明学生实际上已能够把商人拉过来拥护他们，他们已不再孤立无援，而已达成了一种联盟，在攻守上都和商会在一起。他们在谈着罢税的行动。"

这场运动在中国社会的各个阶层产生了深远的影响。8月4日，杜威在信中描述了学生运动引发的中国教育界的风波："看来目前的教育次长留任是有三个条件的——他必须解散北大，防止校长回任，开除目前所有的高级学校的校长。他未能完成任何一件，因此安福系的人便不满意。人家说他是个滑头的政客，当他和我的开明的朋友吃饭时，他诉说着自己如何被人毁谤——有人说他是安福俱乐部的会员。"

后来，杜威又将这场运动与来自法国的影响建立起关联，他在《亚洲》（Aisa）杂志上发表文章，题为《中国的新文化》（"New Culture in China"），他给予这场运动以新的定义——"在内心深处，它是反对所有政客，反对所有将来想要直接通过政治以达到社会改革的一种抗议"，他还站在更高的层面提出："民主本是一些信仰，本是对生活的一种看法、一些思想的习惯，民主并不只是政府的形式，所以实行民主需要有普遍的教育（universal education），朝普遍教育迈进第一步是用口语白话为书写的工具。"他还提出："要是没有基于思想变革的社会改革，中国是改变不了的。政治革命失败了，因为它是外在的、形式上的，只触及社会活动的架构，没有影响到真正控制社会生活的概念。"杜威也指出了此时

6-6

陈独秀

1919年6月11日，陈独秀在北京街头散发《北京市民宣言》时被捕入狱。消息迅速传遍全国，各界、各省函电交驰，要求释放陈独秀。学界有69人署名保释陈独秀，其中有著名的教授，也有普通的中学教员；有新派人物，也有旧派人物。对"五四运动"持反对态度的田桐，也发函电，要求立即释放陈独秀。在各方的压力下，陈独秀恢复了自由。胡适在六年后还对此念念不忘，1925年12月，他在"北京群众烧毁晨报馆"一事发生后写给陈独秀的信中提及此事。

中国面临的一系列严峻的问题："中国事实上还在工业革命的最初阶段，要是中国不愿重蹈其他国家的覆辙，不愿有从劳资关系中产生的各种罪恶，不愿有劳工低薪的工业、童工、妇女工、资方的压迫和劳方的怠工等，要是中国想从其他国家 19 世纪的历史中得到教训，必须对这些问题早做准备。"这些无疑都是刚刚崛起的青年一代需要面对的严峻考验。

"凡尔赛和约"彻底激怒了中国人

"五四运动"一触即发

…登刊廣最銷行報本

6-7

读报的年轻人

在公共阅报栏阅读时事的年轻人，

他们是 1919 年爱国运动中的主角。

272

6-8

北京基督教青年会学生演讲

1919年，春天如期而至，而人心中的阴霾却迟迟挥之不去。沉重的历史与文明，已无法给予这个民族足够的自信心与归属感。北洋军阀政府亦面临着尴尬扫兴的局面：以战胜国之名，承战败国之实。学生们走上街头，声势浩大的游行拉开帷幕。学生们在大街小巷演讲，遇到警察来驱赶，学生们声泪俱下地对警察说道："你戴的帽子是中国的吗？你所衣、所食、所仰仗的不都是中国国民的血汗吗？你不见朝鲜亡国之后全国军警都是日本人了？为什么我为救中国而讲演，你反而帮助仇人驱逐听众？你不为国家想，那你也不为你自身的生存、为你所仰仗的一切而想吗？"话音未落，警察已泪如雨下，在场的听众无不掩面而泣。

6-9

演讲的学生与周围的听众

学生们向听众们解说着山东将亡、中国将亡的种种细节，一遍遍传递着他们的两个信条：中国的土地，可以征服，而不可以断送；中国的人民，可以杀戮，而不可以低头。孩子们也在热闹的人群中穿梭，周遭的一切对于他们来说是那么陌生而新鲜，他们脸上挂着茫然，不知道国之将亡意味着什么。

6-10

保定直隶总督府西辕门

大量的青年们在此聚集，他们的热情亦感染到许多市民、工人和商人。

273

6-11

学生游行的队伍

5月4日上午10点，各校学生代表在法政专门学校召开大会，决定游行路线。各处警察阻拦与封锁，使得学生们颇受刺激，情绪激昂。事后众多关于游行路线的追忆，略有差异。原北洋政府陆军部驻署京师宪兵排长白岐昌在报告中记载：该学生团于午后2时30分整队出天安门，折东进东交民巷西口，至美国使馆门首，遂被阻止。该代表等从事交涉，仍未允通行。后即转北往富贵街，东行过御河桥，经东长安街南行，经米市大街进石大人胡同，往南小街进大羊宜宾胡同，出东口北行，向东至赵家楼曹宅门首。

6-12

财商学校的游行队伍

曾几何时，学生们为庆祝"一战"胜利，同样行进在这条道路上，短短半年后，事件、心情、态度迥然不同。这样的急转直下，他们年轻的心并未做足准备。

6-13

女学生也参与游行

她们举着民国的五色旗，表达她们的一腔爱国之心。

6-14

学生们在天安门前集会

1919年5月4日，学生们在天安门前集会，青年沸腾的热血使得周遭环境迅速升温。走出校门与家门的青年聚集在天安门广场，义无反顾，满怀激情。他们急促而铿锵的脚步，转动了古老中国的车轮。天安门这个古老中国的象征，再次成为中国某个历史时间的坐标。天安门上已没有了可以宣诏的人，但天安门下的民众，却试图呼唤国人"快快醒来"。

6-15

军警逮捕爱国学生

1919年6月4日，五四运动发生一个月后，军警逮捕北京大学的学生，学生脖子上还挂着标语。

6-16

被捕学生越来越多

1919年6月4日，清华大学学生活跃分子被北洋政府派兵抓捕。这些无畏的学生还挥动着他们手里的旗子。哲学家杜威抵达北京时恰逢爆发"五四运动"。他在《纽约时报》称"在北京有约一万人参加了示威游行，大学已经变为监狱，城市实行宵禁。但无畏学生的反政府演讲无处不在，这是公众意见的胜利，我们正亲眼见证着一个国家的诞生，而诞生总是伴随着艰辛的"。

6-17

被捕学生在放风中

因被捕学生太多，许多学校都被临时征用成了监所。是日，全国各地城市开展声援被捕学生的罢课、罢工、罢市运动。北洋政府在压力下，将800名学生释放。

6-18

临时监狱的探视室

全国性的罢工罢课，使北洋政府对于他们所抓的学生，提供了新的待遇。他们规定学生们可以自由会见来看望他们的人。监狱还设有一个巨大的操场，允许学生在放风的时候去锻炼身体。其后他们为学生所更换的囚室较宽敞，允许交谈、看报、通信、探视，伙食按警厅科员标准，分桌就餐。

孔子的后人

巴黎和会让山东成为世界瞩目的焦点，列强都在密切地关注着远东的形势，中国的一举一动都足以引起人们的联想。

1919 年 9 月 19 日的《纽约时报》写道，中国领馆确认，北京政府已经发出与德国之间的和平公告，并且，随着本月中国与澳大利亚签署和平协议，中国最终成为国联的一员。"根据一位在华盛顿的中国权威人士证实，中国政府与德国之间的和平声明并没有涉及山东问题，而只是恢复与德国进行商业往来的可能性。他还说，这项行动之后，两国也将重建外交关系。"

作者指出，中国仍然怀抱希望，试图获得比 1915 年与日本签订"二十一条"后更有利的条款，借以"挽回当时那个孱弱时代所失去的一些东西"，并且，他认为，"对日本来说，放弃一些是一件好事情"。

西方世界都将目光投向山东，对于这片土地的真实状况，其实人们基本一无所知。此时，梅纳德·欧文·威廉姆斯（Maynard Owen Williams）正在山东漫游，他为《美国国家地理》杂志做了一篇报道，题为《孔子的后人》。此时，中国作为时尚品代工地的形态似乎已经巍然成形。威廉姆斯写道，用发网将头发网起来，开着车去乡村俱乐部参加舞会，正是流行于美国女孩们中的时尚，而这种发网的制作者，正是中国山东的"几千名红色脸庞、黑色眼睛的姑娘们"，"她们用其兄弟们剪下来的辫子制作这种发网，这是她们唯一的谋生手段"。制作这些发网的破烂小茅屋，与大洋彼岸的乡村舞会的场景，形成鲜明的对照，"山东和迈阿密的海滩，其实正是姊妹"。

威廉姆斯如此描述山东，"这个省像衣阿华州（即艾奥瓦州）那样大，人口居然有三千万，而他们每天都工作十六个小时"，他们中的一万五千人在"一战"时追随英国的军舰，离开故乡，前往欧洲战场，他们在战争中做出了贡献，而现在，这些年轻的劳工已经返回家乡。这无疑是前所未有的一代人，尽管他们只是劳工，没有多少文化，但他们已经可以说一些不太纯正的法语或者英语，也拥有了一些新的思想和新的理想。当威廉姆斯在济南和青岛见到他们时，发现这些年轻人"已经有些傲慢，因为他们有了些钱，且热衷于看电影。他们现在更率真，更整洁，也更机敏"。长此以往，这里或许会出现两种格局：要么是带动当地的手工业迅速发展，或者是，频繁地向世界各地

6-19

民国初年山东曲阜的一位青年

他倚靠在孔庙的廊柱上，身上的蓝布衣敞开，长相英武。拍摄者艾伯特·卡恩认为他像极了美国的青年人，无所畏惧地生活着。

那些人口密度比较小的地区移民。

威廉姆斯也注意到，日本篡夺的胶济铁路修筑权，将为这些年轻的中国劳工们找到新的空间，"此前他们在国外学习的技能，会对他们有很人帮助。这条铁路最终将会使他们的家乡和整个欧亚大陆连为一体，或许能从马德里直接到济南"。

对于山东的未来，作者做了两个形象的比喻："山东就像一个巨大的容器，储藏着无限的上等劳动力；山东又像一个驿站，人们从这里走向新世界。"只不过，作者的这些期盼或许过于乐观，使这篇文章的结尾变得有点像喊口号，山东的未来和中国的未来一样，注定要走过一条极为晦暗的道路。

中华民族本身就是最好的纪念碑

与梅纳德·欧文·威廉姆斯发现的那个贫穷与苦难的山东不同，在此之前，法国汉学家沙畹（Emmanuel-édouard chavannes）却发现了这片"中国的圣地"的另一种光辉："我们像是走进了时光隧道，回到了遥远的过去，看到多年以来稳固地控制着中国的权力的思想根源。"

他认为泰安的宗教化特征非常明显，"每年的 2 月和 3 月，朝圣者最多，最多时每天有一万人上泰山"。这条朝圣之路有些艰苦，尤其是从泰安北门到泰山山顶的那条路，全长 6 英里，共有 6600 级陡峭的台阶。

作者对中国古代的典籍比较了解，他写道："山顶的景色非常美丽，但是还是无法与 2400 年前孔子和颜渊看到的泰山相比。据说，他们看到了大海，但这未必可信。因为对于泰山 5100 英尺的高度来说，地平线应该在大约 85 英里之外，而现在泰山和海洋的距离有 100 英里。或许是因为过于劳累，当时我们竟然对颜渊的话信以为真，他说他看到苏州的城门旁边，在白色的丝绸幕布前面有一种蓝色的东西。'不，'孔子说，'那是一匹白马，而那种远看是蓝色的东西是一串豆子。''太棒了！'有人评价，'这就是圣人的智慧！'实在太不可思议了！因为苏州在整整 400 英里以外。"

到曲阜之后，沙畹也开始探讨孔子信仰是如何建立起来的。"最初人们只敬畏自己祖先的牌位，有长达几百年，寺庙里并没有礼拜孔子。但是，人们对儒家的教义不断获得更深入的认识，于是在圣人的出生地建立了第一座孔庙。后来的皇帝陆续赐予孔子更高的荣誉，扩建和修复孔庙，也就变得水到渠成"。作者还注意到："据说覆盖在孔子身上的泥土来自中国的十八个省，不管这传言是否真实，都足以看出孔子在这个伟大国家的广泛深远的影响。孔子是全中国的精神支柱，虽然他不算完美，并且在如今这个激进的年头似乎有些过时，但在每个人心中他仍是无法替代的伟人。"正是基于对孔子思想的认知，作者最后回到上海后依然对曲阜念念不忘，并且断言："中华民族本身就是他们最好的纪念碑"，"如今在中国兴起的复古思潮，在很大程度上和孔子的儒家思想密切相关。因为这位古代的老师就倡导面向更遥远的上古社会，用理想主义的阳光来看待自己的国家"。

梅纳德·欧文·威廉姆斯和沙畹发现的都是山东，它们都无比真实，在历史和现实之间，如同这个古老而年轻的国度。

6-20

前门大街

正阳门箭楼、城楼、瓮城、正阳桥和五牌楼作为一组有机的建筑整体，有"四门三桥五牌楼"之称。五牌楼，位于正阳桥南端，上书"正阳桥"字样，是一座五间六柱五楼冲天式牌楼。"庚子之变"的一把烈火焚烧了商业街的繁荣旧梦，经历劫难、修复，再度繁华的商业大街亦一次次蜕变。曾经是比肩接踵的行人，继而是来回奔驰的黄包车，现在又开进了小汽车，亮起了电灯泡。近代工业的身影，悄然潜入了这个古老国度的身躯。

被世界辜负的中国，仍在寻求机会

1919 年 9 月 16 日，《纽约时报》报道，中国银行行长即将短期访问美国，与美国的银行家们商讨合作成立中美银行事宜。报道还指出，明天将要回到美国的前驻华大使芮恩施已经获得了包括中国总统、总理、前总理们、国防部长、国会、英美协会、北京的银行家们以及许多驻中国的外国机构的款待。

芮恩施此次回国，是因为他认为美国在巴黎和会上出尔反尔，令中国受辱，更令美国蒙羞，因此愤而辞职。回国后，芮恩施创办了律师事务所，为中国政府提供法律咨询。1922 年他受邀再度来到中国，在中国政府提供金融咨询，次年因病在上海去世。

芮恩施这次起程前，曾向中国总统徐世昌提出，邀请梅兰芳到美国表演。不过，直到十一年后，梅兰芳才终于踏上美国的土地，并获得空前的赞誉。而那时，芮恩施已经去世多年。

中国的另一个老朋友莫理循，留给他的时日也已经不多了。

1919 年 7 月 7 日，莫理循对几个月来的混乱做了总结："和平条约全文，对中国来说，比预计的还要坏得多，简直是灾难性的。我不相信任何一个活着的有地位的中国人，有足够厚的脸皮，敢于签署这个条约，除非，美国能够提供某种可为中国人接受的确实保证。然而，美国从前曾经在危难中把中国人甩在一边。中国人对此记忆犹新，可能对美国比从前怀有更大的戒心，不愿轻易接受美国的指导了。这是一个令人惊愕的和平跳跃，它惩罚了已经给予协约国相当大的帮助，并且还打算多帮些忙的中国。"同时，这位在中英两国之间充当着桥梁的人物，也对英国政府提出了他的建议："英国政府如果能够明智而审慎地行事，我相信，是能在远东成为支配性力量的。我们在中国有庞大的利益，比日本所得大十倍有余。中国现在是世界上最大的未开发地区。敌国在那里有庞大的利益，但无法与我们的相比。"他还注意到:"《朝日新闻》提到'在中国出现的由某一盟国教唆的强烈反日运动'。这里所说的某一盟国无疑是指英国。"莫理循甚至还清楚地记得，这家报纸于 1915 年 12 月 10 日还在一篇议论英国的社论中轻蔑地表示了这样的意见:"战后英国的地位，行将与中国今日的地位一样。"

然而，在莫理循不再直接参与《泰晤士报》的报道以来，这家报纸对中

6-21

芮恩施（Paul Samuel Reinsch，1869 年 6 月 10 日—1923 年 1 月 26 日）是美国律师、政治学者、外交官，当时美国远东事务权威，1913 年—1919 年出任美国驻华公使，其间经历了"二十一条"、"一战"对德宣战、五四运动等重大事件。长期担任中国北洋政府最高顾问。

国的关注已经今非昔比，莫理循坦言，"我对《泰晤士报》对中国给予注意如此之少感到惊讶。它大约每三星期发表一条大卫·福来萨（David Fraser）发来的电讯"，仅此而已。

十天后，陈友仁在写给《泰晤士报》的短讯中表达了相似的意见："你们曾经有过一位驻北京的名记者。他所写的报道据说可以同时作为中国的历史和英国远东政策的指南。"

事实上，只需一个小小的例证，就足以证明莫理循的远见。当李大钊接连发表《庶民的胜利》和《布尔什维主义的胜利》庆祝十月革命的成功、布尔什维克主义在中国受到狂热的欢迎之际，莫理循就表达出深深的疑虑，1919 年 7 月 23 日，他写道："谁都明白布尔什维克主义对于中国是一大危险。它已经从西伯利亚渗入蒙古地区。为了维持蒙古的完整，中国正在致力于防止除中国之外，有最大利害关系的一个强国，在中国自己的部分领土上造成无政府状态。这不仅是为了外蒙古地区的稳定，也是在为协约国的利益做出的贡献。"当记者们仍然忙着关注学生运动和民族仇恨时，这位敏锐的观察家已经再度提起他的笔，预言了中国的未来。

6-22

民国初年的小学课堂

西式学堂的同伴教育形式给民国初年的孩子们极大的影响。曾经养在深闺的小女孩也可以走出家庭，和年龄相仿的其他女孩儿一起，坐在不大的教室里，跟随老师的教鞭，接触她们未曾见过的一切新事物。辛亥革命后，各小学以"留意儿童身心之发育，培养国民道德之基础，并授以生活所必需之知识技能"为宗旨，旧教育的影响逐渐淡化，新知识增加，欧美资产阶级教育思想影响逐步加深。以考取功名为目的的读经讲经科被取消，各科教材的内容选择，以儿童个人兴趣为主，还增加了音乐、自然、卫生、英文等新科目。

6-23

民国大学中的女学生

中式镂空的门厅里，坐着三位静静看书的女学生。光线斜斜地照在她们的脸上，投下淡淡的阴影。大学里面有着数以万计的书本等着她们去阅读，知识的甘露滋润着这些年轻的、灵动的生命，各种新鲜的思想在她们身上生根发芽，蔓延开来。学校鼓励女学生自主自立，自己做出选择，尤其是在婚姻问题上。当女学生们从父为子纲、夫为妻纲的繁文缛节中解脱出来时，这些新的教育理念便成了妇女地位上升的基石。可以说，教育渐渐地使妇女的社会地位得以上升。

6-24

南开大学开学纪念照

经过两年多的筹备和建设，1919年9月25日，南开
大学正式开门招生，这是南开大学第一届新生的大合
照。严修与张伯苓等达人显士端坐第一排居中，最后
排左一为新生周恩来，这位共和国开国总理，是南开
大学至今最杰出的校友。

6-25
吴稚晖

吴稚晖和李石发起勤工俭学会，创办里昂中法大学并组织留法勤工俭学运动。1919年5月第一批学生89人抵达法兰西。先后赴法的学生中有周恩来、李立三、聂荣臻、陈毅等。对吴稚晖的评价可谓一言难尽。他纵览中西文化，踏政治、文化两船，既为孙文之友、"三民主义"之信徒，却又为无政府主义张目。最耐人寻味的是，他的无政府主义者同志称他是"一个坏透了的好人"。

6-26
詹天佑

1919年4月24日，杰出的"留美幼童"詹天佑不幸因病逝世，享年58岁。"留美幼童"一词，在清代李鸿章的奏折中称为"驻洋幼童"。1872年，11岁的詹天佑作为第一批"留美幼童"中的一员，横渡太平洋赴美留学。1878年，詹天佑考入耶鲁大学谢菲尔德理工学院土木工程系学习铁路工程，1919年，詹天佑出席协约国"中东铁路监管委员会"的会议，同帝国主义占领中东铁路的侵略行径进行了坚决的斗争，并致电"巴黎和会"，揭露帝国主义掠夺中国铁路的阴谋。

6-25	6-26
	6-27

6-27
教育家张伯苓与芮恩施

张伯苓不仅是大教育家，他还是中国奥林匹克运动的最早倡导者。

6-28

1919年的北京景山

这座据称人造的山浓缩了这个国家两个王朝的命运。1644年3月19日，李自成攻入北京，是为甲申之变，明思宗自缢于万岁山东麓一株老槐树上。清军入关后，将此槐称为"罪槐"，用铁链锁住，规定皇族、文武官员路过此地都要下马步行，以示对前朝皇帝的尊敬。1924年，冯玉祥部占领景山，架设大炮，驱逐溥仪出宫。此后景山一度荒芜，并时常有军队驻扎。

6-29

大上海的街头广告林立

香烟占了很大的版面，这张图片显
示著名的天梭表也已经进入中国。

6-30

四川安县，三名"背二哥"

"背二哥"又叫"脚夫"或"背夫"，在崎岖的西南山路上，一般的畜力车或者独轮车都无法行走，只能靠这些背工苦力来运送货物。照片中的三位背工，靠在身后的木拐子上休息，背上如小山一样的包裹，压得他们的腿都变形了。

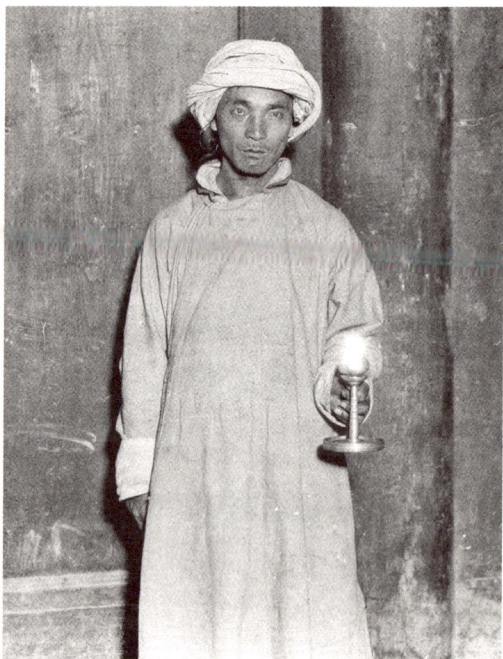

6-31

四川金堂县赵镇的运输队

因为连年战乱，土匪众多，大众运输都需要配备护卫来保证沿路安全。

6-32

四川威州，苏家仆人

这个目光呆滞的人，手持一台烛火，如同从某个阿拉伯传说中走出来一样。

6-33

四川安县，戴大斗笠的男子

他手中的扇子与身边挤进镜头的身影，都使这张照片充满了象征意味。

6-34

上海的盲人乐师和他的搭档

同上海的气质一致的是，即使作为一个盲人乐师，他们仍然把自己打扮得整齐一新。

6-31	6-32	6-33
	6-34	

6-35

1919年3月1日，雍和宫

喇嘛们正在为前来参加驱魔传统节日的信众施舍米和酒。

6-36

海拉尔的驻军在列队

这支军队有着奇怪的队形，如果看到最后，队尾仿佛有不足一米高的孩子，或者说，这支部队更像是由矮小的孩子组成。

6-37

江西庐山牯岭仙女桥

上面坐着的都是来这座夏都度假的洋人。

6-38
民国初年的上海全景

PANORAMIC VIEW OF THE BUND
SHANGHAI

参考报刊书目

本书在写作时，参考并使用了以下报刊文史资料。

《纽约时报》(*The New York Times*)/《每日电讯报》(*The Daily Telegraph*)/《每日邮报》(*Daily Mail*)《剑桥中国晚清史 1800—1911 年(上、下卷)》《洛杉矶时报》(*The Los Angeles Times*)/《华盛顿邮报》(*Washington Post*)/《国家地理杂志》(*National Geographic*)

本书部分图片资料来源

伦敦维多利亚与阿尔伯特博物馆(The Victoria and Albert Museum, London, UK)；大不列颠及爱尔兰皇家亚洲学会(Royal Asiatic Society of Great Britain and Ireland)；德国威廉港市档案馆(City Archive in Wilhelmshaven, Germany)；英国伦敦维尔康姆图书馆(Wellcome Library, London, UK)；美国坎布里奇哈佛燕京图书馆(Havard-Yenching Library, Cambridge, USA)；怡和集团(Jardine Matheson Group)；中国第二历史档案馆；盖蒂图片(Getty Image)；小川一真(Ogawa Kazuma)；樋口宰藏(Higuchi Saizou)；澳大利亚悉尼新南威尔士州立图书馆(The State Library of New South Wales, Sydney, Australia)；美国华盛顿国会图书馆(Library of Congress, Washington, USA)；美国华盛顿史密斯森尼博物院，弗瑞尔博物馆和赛克勒博物馆(Freer Gallery of Art and Arthur M. Sackler Gallery Archives, Smithsonian Institution, Washington,USA)；方苏雅(Auguste Francois)；英国伦敦大英图书馆(British Library, London, UK)；美国华盛顿史密斯森尼博物院贝林中心，国立美国历史博物馆档案中心(Archive Center, National Museum of American History, Behring Center, Smithsonian Institution, Washington, USA)；H. C. 怀特公司(H. C. White Company)；中国国家图书馆；法国罗歇·维奥莱图片社(Roger-Viollet)；美国杜克大学图书馆(Duke University Libraries, USA)；美国国家档案馆(National Archives)；德国联邦档案馆(Bundesarchiv)；澳洲国家档案馆(National Archives of Australia)；美国中央通讯社(The Central News Agency)；中国国民党党史馆。

本书中部分图片因年代久远以及版权人变更关系，无法联系到版权方，请版权方与本书编者联系，以支付稿酬为谢。

图片策划：大伟、蔡岩、王莹

图书在版编目（CIP）数据

图说 20 世纪中国 . 1910—1919：觉醒／师永刚等编著 . —北京：
生活·读书·新知三联书店，2020.9
ISBN 978 – 7 – 108 – 06170 – 6

Ⅰ . ①图…　Ⅱ . ①师…　Ⅲ . ①中国历史 – 1910—1919 – 图解
Ⅳ . ① K26-64

中国版本图书馆 CIP 数据核字（2018）第 017011 号

责任编辑　赵庆丰
装帧设计　鲁明静　汤　妮
责任校对　张国荣
责任印制　张雅丽
出版发行　生活·讀書·新知 三联书店
　　　　　（北京市东城区美术馆东街 22 号　100010）
网　　址　www.sdxjpc.com
经　　销　新华书店
印　　刷　北京图文大地制版印刷有限公司
版　　次　2020 年 9 月北京第 1 版
　　　　　2020 年 9 月北京第 1 次印刷
开　　本　720 毫米 × 1000 毫米　1/16　印张 19.5
字　　数　100 千字　图 290 幅
印　　数　00,001 – 10,000 册
定　　价　59.00 元
（印装查询：01064002715；邮购查询：01084010542）